马克思主义简明读本

社会主义市场经济理论

丛书主编：韩喜平
本书著者：杨　帆

编　委　会：韩喜平　邵彦敏　吴宏政
　　　　　　王为全　罗克全　张中国
　　　　　　王　颖　石　英　里光年

吉林出版集团股份有限公司

图书在版编目（CIP）数据

社会主义市场经济理论/杨帆著.——长春:吉林出版集团股份有限公司，2013.9（2019.2重印）

（马克思主义简明读本）

ISBN 978-7-5534-2618-1

Ⅰ.①社… Ⅱ.①杨… Ⅲ.①社会主义市场经济—理论研究—中国 Ⅳ.①F123.9

中国版本图书馆CIP数据核字(2013)第174206号

社会主义市场经济理论
SHEHUI ZHUYI SHICHANG JINGJI LI LUN

丛书主编：	韩喜平
本书著者：	杨 帆
项目策划：	周海英 耿 宏
项目负责：	周海英 耿 宏 宫志伟
责任编辑：	陈 曲 李井慧
出　　版：	吉林出版集团股份有限公司
发　　行：	吉林出版集团社科图书有限公司
电　　话：	0431-86012746
印　　刷：	北京一鑫印务有限责任公司
开　　本：	710mm×960mm 1/16
字　　数：	100千字
印　　张：	12
版　　次：	2013年9月第1版
印　　次：	2019年2月第2次印刷
书　　号：	ISBN 978-7-5534-2618-1
定　　价：	29.70元

如发现印装质量问题，影响阅读，请与出版方联系调换 0431-86012746

序　言

习近平总书记指出，青年最富有朝气、最富有梦想，青年兴则国家兴，青年强则国家强。青年是民族的未来，"中国梦"是我们的，更是青年一代的，实现中华民族伟大复兴的"中国梦"需要依靠广大青年的不断努力。

要提高青年人的理论素养。理论是科学化、系统化、观念化的复杂知识体系，也是认识问题、分析问题、解决问题的思想方法和工作方法。青年正处于世界观、方法论形成的关键时期，特别是在知识爆炸、文化快餐消费盛行的今天，如果能够静下心来学习一点理论知识，对于提高他们分析问题、辨别是非的能力有着很大的帮助。

要提高青年人的政治理论素养。青年是祖国的未来，是社会主义的建设者和接班人。党的十八大报告指出，回首近代以来中国波澜壮阔的历史，展望中华民族充满希望的未来，我们得出一个坚定的结论——实现中华民族伟大复兴，必须坚定不移地走中国特色社会主义道路。要建立青年人对中国特色社会主义的道路自信、理论自信、制度自信，就必须要对他们进行马克思主义理论教育，特别是中国特色社会主义理论体系教育。

要提高青年人的创新能力。创新是推动民族进步和社会发展的不竭动力，培养青年人的创新能力是全社会的重要职责。但创新从来都是继承与发展的统一，它需要知识的积淀，需要理论素养的提升。马克思主义理论是人类社会最为重大的理论创新，系统地学习马克思主义理论有助于青年人创新能力的提升。

要培养青年人的远大志向。"一个民族只有拥有那些关注天空的人，这个民族才有希望。如果一个民族只是关心眼下脚下的事情，这个民族是没有未来的。"马克思主义是关注人类自由与解放的理论，是胸怀世界、关注人类的理论，青年人志存高远，奋发有为，应该学会用马克思主义理论武装自己，胸怀世界，关注人类。

正是基于以上几点考虑，我们编写了这套《马克思主义简明读本》系列丛书，以便更全面地展示马克思主义理论基础知识。希望青年朋友们通过学习，能够切实收到成效。

韩喜平
2013年8月

目　录

引　言 / 001

第一章　市场经济的相关概念 / 003

第一节　市场经济 / 003

第二节　市场体系 / 030

第三节　市场机制 / 069

第二章　社会主义市场经济体制的内涵 / 095

第一节　社会主义市场经济体制的含义 / 095

第二节　社会主义市场经济体制的特征 / 101

第三节　社会主义市场经济体制的基本框架 / 108

第三章　社会主义市场经济体制的建立与完善 / 118

第一节　改革开放前的计划经济体制 / 118

第二节　社会主义市场经济体制的确立与发展 / 125

第三节　社会主义市场经济体制的完善 / 134

第四章　现代市场经济模式的国际比较 / 143

第一节　美国模式 / 144

第二节　法国模式 / 151

第三节　德国模式 / 160

第五章　社会主义市场经济理论的重大意义 / 166

第一节　社会主义市场经济的理论意义 / 167

第二节　社会主义市场经济理论的现实意义 / 175

参考文献 / 182

引　言

　　社会主义市场经济理论是中国特色社会主义理论建设的重要组成部分，它对中国经济的改革和发展起到至关重要的作用。社会主义市场经济理论的提出，对中国整个社会主义事业的建设具有划时代的意义。社会主义市场经济理论既是对马克思主义理论宝库的重大丰富，也是对中国改革开放和现代化建设的科学性总结。本书的编写正是为了向广大青少年传播社会主义市场经济理论这笔最宝贵的精神财富，让更多的人认识什么是社会主义市场经济理论，它的形成和发展到底经历了怎样一个曲折的过程，它的建立和发展具有怎样重要的意义。

　　本书共分为五章，首先，从市场和市场经济的含义及特点入手，分析和研究了社会主义市场经济产生之前市场经济和商品经济等的关系，并从资源配置的角度分析了计划经济与市场经济的联系。其次，从市场体系和市场机制入手，分析了现代市场经济的独特内涵与组成结构。接下来，本书详细叙述了社会主义市场经济理论从形成到发展再到成熟的曲折历程，并对社会主义市场经济体制的确立和内涵进行了系统介绍和解读。为了使广大青少年开阔视野，本书还对国际社会中存在的各种现代市场经济模式进行了介绍和分析。最后，从理论和现实角度入手，对社会主义市场经济理论的意义进行了细致的总结和概括。

在中国共产党的领导下，中国的经济建设取得了巨大成就，并成功地将计划经济转变为市场经济，建立了社会主义市场经济体制。中国社会主义经济建设成功的关键在于将马克思主义同中国社会主义具体实践相结合，创造性地提出了社会主义市场经济理论，中国真真正正走出了一条具有自身特色的发展道路。中国社会主义市场经济的建设还将对世界其他国家及地区产生深远的影响。

第一章　市场经济的相关概念

第一节　市场经济

中国社会是否存在市场经济，对中国社会主义事业的影响是极大的。市场经济为何有如此魔力，能让中国社会主义事业焕发出勃勃生机，如何更好地利用市场经济发展中国特色社会主义，这需要对市场经济有一个深入的了解与认识。社会主义市场经济理论突破了传统社会主义与市场经济不相容的思维模式，市场经济并不专属于资本主义。市场经济与社会主义相结合，就形成了社会主义市场经济。市场经济与计划经济都是发展生产力的方法和手段，并不是区别姓"资"姓"社"的基本标志。社会主义需要市场，资本主义同样也需要计划。

一、市场与市场经济

（一）什么是市场

市场是商品经济与社会分工发展到一定阶段的产物，是随着商品交换的需要而逐渐发展起来的。"哪里有社会分工和商品生产，哪里就有'市场'；社会分工和商品生产发展到什么程度，'市场'就发展到什么程度。""市场"最初获得当作剩余交换场所的原始意义，是在人类生产有了剩余之后，原始共同体之间开始产生以物易物的交换需要时出现的。当交换不再是偶然的行为，当出现了以交换为目的商品生产时，"市场"便成为了交换双方之间的经济联系。随着历史发展，当商品生产和交换成为社会主要的经济形式，所有的经济主体如果希望自己的价值得到社会承认，都要通过市场为他人创造价值，所有的社会资源都要以市场为导向，根据市场信号进行配置和调整，这时的"市场"便拥有了资源配置方式的历史意义。

（二）什么是市场经济

所谓市场经济，是指依靠价格、供求、竞争等市场机制实现各类经济资源配置的一种社会经济运行方式。具体来说，有四个方面的内容：一是整个社会经济的运行以市场为中心；二是社会再生产的总过程，即生产、流通、分配和消费以市场为导向；三是社会资源和生产要素通过市场竞争来配置，市场决定各类生产要素的流向，并依靠市场力量形成均衡价格；四是价值规律和市场机制是调节经济运行的主要机制。市场经济是一种经济体系，在这种体系之下的产品和服务的生产及销售，不同于计划经济体系，计划经济是由国家引导，而在市场经济体系下完全由自由市场的价格机制所引导。市场经济的运作是自发的，虽然理论上市场可以通过产品与服务之间的供给和需求所产生的复杂相互作用来自我组织，实际上，市场当中并不存在一个集中协调的体制对其运作起指引作用。

"市场经济"的概念最早明确提出是在1922年，是由奥地利经济学家路德维希·冯·米塞斯在《社会主义制度下的经济计算》一文中提出的。之后，"市场经济"一词便在与计划经济相对的意义上，作为对自西方资本主义诞生以来逐渐发展、成熟起来的自由市场制度的概括而流行起来。然而，在统一的"市场经济"概念背后，人们却有着不同的理解。西方经济学家对"市场经济"代表性的看法是把它视为一种以资本主义私有制为基础的、完全由市场自发调节的经济运行制度。有的经济学家甚至干脆把市场经济和资本主义等同起来，市场社会主义者则普遍将计划和市场视为资源配置的手段，指出它们都是中性的，并不代表社会性质本身，它们既可以为资本主义服务，也可以为社会主义服务。

美国经济学家莫里斯·博恩斯坦在他的《比较经济体制》一书中明确地将市场经济划分为资本主义市场经济和社会主义市场经济。西方经济学辞典《麦克米兰现代经济学辞典》将市场经济视为一种经济调节手段而不是用来划分社会制度的标志，它将市场经济定义为："市场经济是一种以价格为基础来做出关于资源配置和生产的决策的经济体制，而价格是在生产者、消费者和生产要素的所有者之间自愿形成的，市场经济可以发生于私有制的资本主义经济，也可以在某种程度上作用于社会公有制经济。"邓小平也曾指出："计划多一点还是市场多一点，不是社会主义与资本主义的本质区别。计划经济不等于社会主义，资本主义也有计划；市场经济不等于资本主义，社会主义也有市场。计划和市场都是经济手段。"

从经济角度看，"市场经济"是以市场机制为基础配置社会经济资源的一种经济体制。在市场经济条件下，市场成为社会经济活动所围绕的核心，各种经济资源在价格机制、供求机制和竞争机制的作用下，按照价值规律的要求，向经济效益高的、社会需求旺盛的经济领域流动，从而实现社会经济资源的优化配置和国民经济的良性循环与协调发展。市场经济作为一种经济体制、方法或者手段，它本身是中性的，是不具有社会性质属性的。但是市场经济不能独立自存，它必须结合于一种社会基本制度当中，从而根据不同社会基本制度的性质来表现出不同的社会规定性。

（三）市场经济的产生

处于14、15世纪的西欧，封建自然经济在逐渐解体，商品经济以此为基础得到了迅速发展，贸易往来日渐发达，市场规模逐渐扩大，货币已成为普遍的交换手段。商品经济由城市渗透到实行封建自然经济的农村的广大地区，导致自然经济的解体过程不断加速。随着这一过程的发展，一方面造成了少数人积累了大量的生产资料和货币财富，另一方面造成了大量彻底不拥有任何生产资料的劳动者的出现，在这变化了的社会条件的基础上，资本主义生产关系发展起来。到了16世纪，这一过程的发展更加深入。商品数量日益增多，商品交换更加频繁，统一的民族市场开始形成。新航路和新大陆的发现使这一历史过程在世界范围展开，世界市场开始形成，资本主义时代也来临了。到了17、18世纪，继尼德兰革命之后，资产阶级革命在英、法、美等国相继爆发，为资本主义的发展开辟了道路。18世纪中叶，英、法、美、德、俄等国相继完成了工业革命，社会生产力得到了空前的发展，生产社会化骤然加速到一个以前无法想象的程度，商品经济也随之迅速发展，"市场经济"就此产生。

市场经济的最初产生和发展与资本主义生产关系的产生和发展是紧密联系在一起的。简单地理解，资本主义利用日益发展的商品经济作为武器，将封建社会的自然经济基础迅速摧毁，使资本主义生产关系得以冲破封建制度的束缚逐渐发展、成熟起来；市场经济也借助资本主义追求资本增殖的无限冲动，将商品生产和交换扩展为在整个国家，甚至全世界占统治地位的经济形式，使简单商品生产彻底摆脱封建的自然经济束缚，资本主义商品生产也发展为社会化生产的形式，从而使市场经济获得其典型形态。这是一个双向的过程，甚至同一的过程，以至于在相当长的时期，有相当一部分人认为"市场经济"和"资本主义"就是一回事。实际上，这一历史过程只是表明，人类生产力的发展由自然经济过渡到了商品经济，商品经济进入它的高级发展阶段——市场经济，资本主义在这一特定历史发展阶段，以它特有的历史方式承担起了这一历史任务。

资本主义的制度属性中包含了狭隘的私人占有、雇佣劳动和资本增殖，市场经济的普遍发展与其相比，在人类的历史发展上具有更基础的意义。市场经济的普遍发展，使人们第一次冲破了由自然和历史这一狭隘共同体造成的界限，发展起以物的依赖性为基础的人的独立性，形成普遍的社会物质交换、全面的关系、多方面的需求以及全面能力的体系，从而为向更高的社会发展奠定生产力。因此，"市场经济"与"资本主义"二者的关系可以理解为：虽然二者在产生初期具有交互作用，但是绝不能将二者视为同一物。站在宏观角度，从人类历史发展历经的不同经济形态来看，市场经济比资本主义具有更基本的意义。资本主义的产生和发展依赖于市场经济，而资本主义并不是市场经济阶段唯一可存在的社会制度形式，市场经济完全可以与其他以社会化大生产为基础的社会制度形式相结合。只要还存在着社会分工和交换的需要，只要生产资料及产权还归属于不同的主体，只要劳动者的劳动还不是直接的社会劳动，市场经济就有存在的必然性，而这种存在的必然性必然不依赖于资本主义的存在。

（四）市场经济的发展阶段

市场经济就是随着商品生产和商品交换的产生而发展起来的一种经济运行方式，它按照市场规律配置社会资源，自发地调节社会生产和消费的比例关系。市场经济不是资本主义特有的经济运行方式，资本主义市场经济只是市场经济发展过程中的一个特殊阶段。事实上，从商品生产和商品交换开始出现的那一刻，就开始有了用于商品交换的市场，因而就应该有了市场经济，只不过那时的市场比较小，还不具备支配社会经济生活的地位，也没有形成一种系统观念被人们认识，直至资本主义时代，真正在社会经济生活起主导作用并把市场经济作为一种系统的观念才被提出。事实上，市场经济是伴随商品生产和商品交换发展起来的，在其发展过程中，大概经历了以下几个发展阶段：

1. 前资本主义时期的市场经济

这一时期从封建社会末期到自由资本主义开始时期。这个时期整个社会还处在封建社会阶段，社会经济的主导力量仍然是自给自足的自然经济。那时的社会生产力极其落后，人们用简单的手工工具生产劳动产品，目的是用于满足自己及家庭生活的需要，而不是用来交换。当时虽然也有商品交换发生，但这只是部分人的偶然行为，是自然经济的补充成分，在整个社会经济生活中不起主导作用。到了封建社会末期，随着社会生产力水平的提高，很多新的生产工具得以使用，并出现了大量的手工作坊，这使得商品生产和商品交换迅速发展起来，自然经济才逐渐趋于瓦解，并最终让位于商品经济，于是人类社会就从封建社会过渡到了资本主义社会。资本主义社会前存在的商品生产和商品交换，是在生产力极其落后的情况下发生的，它们作为自然经济的补充成分而存在。同样作为商品交换的市场，只是处于一种初级阶段，还远没有达到全面调节社会生产和消费的水平，是一种初级阶段或者萌芽阶段。

2. 自由资本主义时期的市场经济

资本主义时期又分为两个不同的阶段，即自由资本主义时期和垄断资本主义时期。按照传统的社会分段理论，两个阶段的分界点大约是19世纪70年代前后，这一分界点之前叫自由资本主义时期，之后就叫垄断资本主义时期。

自由资本主义时期，封建制度刚刚被推翻，资产阶级在封建制度的废墟上建立起来，这一时期是资产阶级的创业阶段，整个阶级带有革命性和进步性，显得朝气蓬勃，欣欣向荣，这一阶段是资本主义制度向上发展的历史阶段。这一时期，机器大工业生产取代了工场手工业生产，社会化生产方式取代了自然经济的自给自足的生产方式。蒸汽和电力广泛运用，社会生产力极大提高。自由竞争是这一历史时期占统治地位的普遍经济现象，在自由竞争的社会大环境下，资本家为了增强自身的实力，在市场竞争中占据有利地位，一方面不断提高工人的劳动强度，从而压低商品生产成本，另一方面不断改进生产技术，提高劳动生产率，从而进一步促进了社会生产力的迅猛发展。

马克思说："资产阶级在它不到一百年的统治中所创造的生产力，比过去一切世代所创造的生产力的总和还要多，还要大。"但是，这时资本主义企业处于发展阶段，所有制形式以独资为主，社会资源和生产要素主要掌握在个人或家族手中，且规模也不算大，企业不可能按整个社会的需求有计划地组织生产，而是根据商品的市场价格来组织生产，带有很大的盲目性。当某种商品可能带来高收益时，众多资本便蜂拥而上，集中生产某种商品，最终导致该商品的供大于求，价格随之下降，商品甚至卖不出去，生产过剩造成库存积压，一些企业资本周转不畅就会倒闭或破产。接下来，资本又寻找下一个新的目标，如此周而复始。

自由竞争使资本可以在各部门各行业之间不受限制地自由转移，这种趋利行为必然导致整个社会生产的无政府状态，加剧生产与消费的矛盾，造成社会资源的极大浪费，引发社会经济危机。经济危机爆发时，一方面有大量的商品积压，另一方面大多数人却无力购买自己生活所必需的商品。马克思把这种过剩叫作"相对生产过剩"。经济危机的产生同时也必然导致社会的危机，这一时期全世界爆发的轰轰烈烈的工人运动就是佐证，马克思主义也在这个时期诞生了。自由资本主义时期的市场经济，是以自由竞争为前提，社会的生产与消费完全通过市场自发调节。价值规律、平均利润率规律、资本自由转移等商品生产和交换的基本经济规律，充分发挥作用并自发调节社会的生产与消费。这一时期的市场经济是处于发展状态的。

3. 垄断资本主义时期的市场经济

自由竞争必然引起社会生产和资本的集中，集中发展到一定阶段，就形成了垄断。垄断就是独占，经济垄断就是独占生产和市场。19世纪末20世纪初自由资本主义就进入了垄断资本主义时期，这时股份公司大量出现，成为资本主义所有制的主要形式。与此同时，在邮政、电报、铁路等方面也出现了资本主义国家所有制。垄断形成后迅速渗透到社会经济的各个领域。列宁对垄断形成后的特点进行了分析："少数几个大企业联合起来独占生产和市场，控制一个或几个部门和行业的生产和流通，在这些部门或行业的经济活动中取得统治地位，操纵这些部门或行业的产品销售价格和生产资料的购买价格，以保证获得高额垄断利润。"

到了20世纪初，世界上各个主要资本主义国家的垄断资本已将国内市场抢占完毕。于是，世界市场的争夺成为重头戏，这种争夺主要针对原料产地和消费市场，随着争夺产生的冲突愈演愈烈，第一次世界大战打响了。如果说第一次世界大战是垄断资本为争夺原料产地和消费市场而发动的战争的话，那么，第二次世界大战就是后起的垄断资本为重新瓜分原料产地和消费市场而发动的战争。

垄断资本主义时期的市场经济，已经不再像自由资本主义时期的市场经济那样，整个社会的生产和消费完全依靠市场自发调节。在垄断资本主义时期，价值规律、平均利润率规律、资本自由转移等商品生产和交换的基本经济规律，已经被"分割或重新定义"，垄断的生产和消费市场环境把这些基本经济规律的适用范围和实现方式加以限制和改变，生产和消费市场被分割为"垄断市场"和"非垄断市场"。参与"垄断市场"的资本，获得"垄断平均利润"，参与"非垄断市场"的资本获得的是"社会平均利润"。然而，在资本主义条件下，通过自由竞争形成的任何形式的垄断，都无法控制社会经济生活的一切领域。无法实现垄断或不需要实现垄断的领域，仍然通行自由竞争原则。在这些领域，商品生产和商品交换的基本经济规律，仍然充分发挥作用，该领域社会经济生活中的生产与消费仍是自发调节。在垄断已经形成的领域，商品生产和商品交换的基本经济规律，只有部分发生作用或是在改变了特性的情况下发生作用。

在现代发达资本主义国家中，在国民经济的大部分关系国计民生的领域中垄断已大部分实现，自由竞争原则在这些领域寸步难行，这些领域中实际上通行的是垄断组织之间通过的相互协议和行业计划，通过这些协议和计划来调节生产和消费市场，以保证自己能获得高额的"垄断利润"。

4. 社会主义时期的市场经济

垄断组织通过相互之间的协议和行业计划的形式来调节生产和消费的市场经济，从某种意义上讲，可以理解成是计划经济的孕育形态，或者说是计划经济的萌芽状态。资本主义企业的内部生产是严格按计划进行的，一旦该企业在社会经济生活中某个领域取得垄断地位，实际上就构成社会局部生产的计划性。以此类推，如果一个垄断组织在整个社会经济生活中取得垄断地位，那么，整个社会经济就可能转化为"有计划的经济"了。当然，这种假设在现实经济生活中很难实现，因为任何一个资本集团都不可能通过自由竞争来达到垄断全社会经济生活的目的。

随着科技的进步，上世纪70年代前后兴起了一股以信息技术为代表的"新技术革命"，这一变革正在打破在机器大工业条件下通过自由竞争形成的垄断，互联网作为新生产力的代表，掀开了社会经济生活的神秘面纱，把一切都变得简单明了，人们坐在自己的电脑旁点点鼠标，各种信息便跃然眼前，这就使得任何形式的垄断都显得比以前更为困难。并且，垄断所持续的时间周期也在进一步缩短。与此同时，经济信息的公开化、大众化也增强了社会生产和消费的目的性，减少了盲目性，也为社会经济有计划发展创造了必要的条件。

二、资源配置与资源配置方式

（一）计划和市场都是资源配置方式

社会主义市场经济理论突破了对市场与计划的传统认识，指出："计划多一点还是市场多一点，不是社会主义与资本主义的本质区别。计划经济不等于社会主义，资本主义也有计划；市场经济不等于资本主义，社会主义也有市场。计划和市场都是经济手段。"计划和市场作为配置资源和发展经济的手段，只有将二者相结合，才能充分发挥各自的长处，最大限度地促进经济发展和改善人民生活。

世界上所有的社会主义国家都采用和借鉴过计划经济。它在中国的社会主义建设过程中也发挥过积极的作用，主要体现在它可以在短期内集中各种力量发展重点项目以及工业。短期内推动了社会整体协调发展，同时促进了公共事务的发展。但随着生产力水平的不断提高和社会分工的逐步细化，计划经济暴露出种种弊端：企业发展遇到瓶颈，缺乏主动性和创新性，官僚主义滋生，运行效率低下等。所以单纯地采取计划经济已经无法满足社会生产力与社会分工的需要。

计划经济和市场经济都是调节经济活动的手段，各自具有优势，但又都存在着自身无法克服的弊端，所以，必须把二者有机结合起来，以达到发挥各自优势并互补的效果。计划和市场的有效结合，在经济运行的具体过程中，市场的地位更为基础，而国家的宏观调控和微观指导共同构成了计划的表现。中国的社会主义市场经济对资源配置发挥的基础性作用，正是基于国家的宏观调控，这样既保证了中国市场经济的社会主义性质，又给社会主义带来了新的生机与活力。

（二）深入认识市场经济

单纯的资源配置的解释显然不足以深入认识"市场经济"所实现的历史变革，在它背后还有更加深刻的原因。同样，仅从经济的角度去理解也是不够的，市场经济的影响早就跳出了狭义的经济界限，它对包括制度、价值在内的几乎所有社会领域提出了自己的要求。

1. 市场经济促进了生产的社会化形式

市场经济在人类历史上第一次通过市场实现了物质生产的社会化，从而使物质生产在量，特别是在质上实现了革命性的跃迁。从此，人类的物质生产不再是分散和孤立的个体行为，社会生产不再等于各平行生产个体生产活动的简单加和，而是以联合起来的个人共同的社会生产能力为基础，成为真正的社会生产。市场经济条件下的物质生产是一种商品生产，以交换为目的。交换价值代替使用价值成为物质生产直接的生产目的，个人消费必须以为他人、为社会提供价值创造为前提。因此，产品不再以满足生产者的消费需要为目的，产品成为以交换为前提的商品，满足他人及社会的需要才能证明其生产投入的社会合理性。市场经济打破了私人生产与社会生产在质上的统一，造成分散、独立的个人及其生产与社会及其生产的对立；在市场机制作用下，通过市场交换建立个人之间的普遍联系，使个人生产得到社会整合；通过竞争确立社会生产标准，淘汰无效、低效的生产；通过价格信号反映社会需求，实现社会生产的合理配置。

需要指出的是，市场经济虽然第一次实现了物质生产的社会化，但这一过程却是自发因素作用的历史结果。在自发分工发展的历史前提下，从事不同职业并相互依赖的人们进行共同活动，造成了扩大的社会生产力。但这一扩大了的社会生产力并不依赖于任何单个生产者或他们尚未真正实现的社会联合，反而成为一种统治着人们、不受人们控制的物质力量。这一社会力量对于人们的反作用不符合历史继续发展的必然要求，必须扬弃，从而重新实现人对于自身产物的自我控制。

2. 市场经济影响了社会制度体系变革

市场经济作为一种中性的经济体制，不具有社会基本制度的性质，但作为经济基础的一部分，社会制度体系必然要根据它的要求做出相应改变。市场经济作为一种经济体制，一种手段或方法，其本身并不内含所谓资本主义或社会主义性质之分。但这并不代表市场经济可以脱离特定的历史环境和社会制度体系而独立自存，可以毫无区别地在不同的制度环境中任意取用。事实上，市场经济本身就是特定社会经济基础的重要组成部分，它调整的是一种人与人之间的特殊经济关系。市场经济的存在及其作用的发挥对于经济基础内部本身，对于建立在经济基础之上的上层建筑甚至整个社会制度体系都有着重大影响。它与社会制度体系实际处于一种互相影响、互相规定的关系之中。一方面，基于基本经济制度的社会制度体系从根本上规定了市场经济所能采取的模式或道路；另一方面，市场经济又反过来要求基本经济制度和上层建筑根据市场经济的要求做出相应变革，如所有制结构及其实现形式的改变、政治体制的改革等。

3.市场经济推动了社会生活领域的变革

自市场经济诞生以来，它虽然是一种经济体制，但也内在地推动了人们对自由、平等、民主、法治等基本价值的追求。市场经济是基于物的依赖性之上来实现人的独立性。在自然经济条件下，摆脱人与人之间的人格依附关系，这实际上就是人的独立性的确立关键。人的独立性将人从非经济强制中解放出来，使其成为自觉、自立、自主、自律、自由的人。市场交换为自由和平等提供了必要的经济基础。"如果说经济形式，交换，在所有方面确立了主体之间的平等，那么内容，即促使人们去进行交换的个人和物质材料，则确立了自由。可见，平等和自由不仅在以交换价值为基础的交换中受到尊重，而且交换价值的交换是一切平等和自由的生产的、现实的基础。"

经济关系上的独立人格进一步促进了政治独立人格的形成，在政治领域，市场决策的分散特征进一步延伸，基于平等社会关系上的自由竞争排斥任何基于身份的特权，多元化利益主体的形成要求政治权利的相互制衡等，政治民主化成为市场经济的必然要求及结果。市场经济是陌生人之间的分工与合作，它需要建立在规则之上，而对规则的确立及监督执行依赖于法律的权威，因此法治也随市场经济的诞生而成为现代国家的普遍追求。市场经济孕育出的自由、平等、民主与法治已远远超出了市场经济运行的原初规定，成为现代人类文明所确认的普世价值，为人们所追求和向往。市场经济的影响是深远的，它大大地超出了经济体制的性质定位，它以经济变革为基础，在包括制度安排、价值追求等在内的所有社会生活领域实现了革命性的变革。

三、商品经济与市场经济

（一）商品经济

1. 什么是商品经济

商品经济是"自然经济"的对称，是商品的生产、交换、出售的总和。商品经济是指直接以交换为目的的经济形式，包括商品生产和商品交换。最早的商品经济产生于第二次社会分工之中，当时手工业逐渐从农业中分离并呈现出进一步扩大的趋势。到了第三次社会大分工，商品经济的重要媒介出现了，那就是商人。当商品经济发展到一定阶段，商品之间的交换主要通过市场进行调配时，这种由市场进行资源调配的社会化商品经济就是市场经济。市场经济是商品经济发展的高级阶段。

任何人类社会的不同形态，都需要解决为什么要进行社会生产的经济形式问题。自然经济跨越了几种不同的社会形态，从氏族公社到家庭再到作坊，都是自然经济的基本组成部分。产品经济是一种设想。就是在没有货币、没有交换的条件下，不同的企业、生产单位就像不同的车间，产品生产出来以后全社会统一分配调拨，各企业、生产单位、社会成员凭本子按指标或定额去领取物资产品，没有等价补偿关系。商品经济跨越了人类社会几个不同的社会形态，自始至终保持自己最基本的特征，即商品交换要按照等价交换的原则进行。任何人类社会的不同形态都需要解决如何满足供求平衡、高效合理地配置社会资源的问题。

2. 商品经济的产生条件

商品经济是人类社会发展到一定历史阶段的产物。它的产生必须具备以下两个条件：一是社会分工。社会分工是商品经济产生的基础。因为社会分工才导致人们产生进行交换的要求，也为交换创造了可能。社会分工的特征表现为，每一个劳动者只从事某种局部的、单方面的劳动，只生产某些甚至某种单一的产品，而人们的需要或需求则是多方面的。生产者为了满足多方面的需求，必然要利用自己生产的产品去和他人交换自己既需要又无法生产的产品。这种商品生产和商品交换就是商品经济。二是所有权不同。它是商品经济产生的前提。因为生产资料和劳动产品属于不同的所有者，才发生了交换行为。可见，商品经济既是社会分工的产物，又是私有制的产物。在私有制的条件下，产品交换的双方成为独立的利益主体，成为经济利益的对立面。这就决定了双方的交换不能是不等式的，而只能是等式的，即商品经济中的等价交换原则。劳动产品的交换既然是等价的商品交换，那么，生产者的生产过程就成为以直接交换为目的商品生产过程。

3. 商品经济的一般特性

第一，商品经济具有市场性。市场是商品经济产生和发展的基础。商品生产者个人之间的经济方面的联系，只能通过把它们的产品拿到市场上去交换才能得以实现。并且商品生产者个人只有使自己的产品在市场上交换成功，才能获得相应的经济收益。第二，商品经济具有自发性。自发性是商品生产者个人的相对独立性，通过市场关系的影响，表现为商品生产者个人的自发性。每个商品生产者根据市场需要和各自的利益，自动地、独立地进行生产和经营活动，从而使商品经济的运行过程表现为一个由内在利益机制推动的自行运行的经济过程。第三，商品经济具有竞争性。商品生产者个人为了获取更多更大的利益，为了争取有利的生产和销售条件，必然进行市场竞争。商品价值的确定和实现过程，也就是商品生产者个人或经济单位之间相互竞争的过程。商品经济的市场性、自发性、竞争性，反映了商品经济运动的方向、运动的内在动力和运动的内在机制，它们共同促进了商品经济的发展。

（二）商品经济与市场经济的关系

商品经济是直接以商品交换为目的经济形式，即为交换而生产。它萌芽于原始社会末期部落间生产剩余的交换。随着生产力的提高和社会分工的发展，出现了以交换为目的的商品生产，商品经济由此逐渐获得了确定的经济形式。商品经济普遍存在于奴隶社会、封建社会、资本主义社会和社会主义社会。但在资本主义社会以前，商品经济都不是占统治地位的经济形式，它依附于自然经济，并受到自然经济的强烈制约和影响。人们满足自身生存和发展的最主要的经济形式仍然是自给自足的经济形式，商品生产和交换的水平还处于比较低的层次，人们之间通过市场建立的社会联系还很不发达，商品生产所需要的各种经济资源也不完全是由市场提供。总而言之，商品经济并非人们社会生活的主要部分。社会生活在商品经济之外也能充分有效地运转。真正的以市场为中心和导向进行资源配置的市场经济运行形式是随着资本主义的诞生而逐渐兴起和发展起来的。

随着资本主义的产生和发展，商品经济进入了新的发展阶段。在自然经济条件下处于依附、次要地位的商品经济逐渐成为整个社会占统治地位的经济形式。商品生产实现了社会化，各个狭隘、孤立的市场逐渐汇聚成为统一、完善的市场体系。市场关系成为人们经济活动乃至整个社会生活中最重要和最主要的社会关系。市场调节的作用广泛涉及到各种经济资源领域，市场成为社会资源的主要的、基本的配置手段。这个时候，市场经济才在商品经济的基础上成长起来。所以，从商品生产和交换的原始意义上来说，市场经济和商品经济是同一个东西。但它们又不是一对可以相互简单替代的概念。市场经济是商品经济发展到社会化大生产阶段的历史产物，它是商品经济发展的高级阶段。总的来说，市场经济必定是商品经济，商品经济却不一定是市场经济，二者既相互联系又相互区别。

1. 商品经济与市场经济的区别

两者的区别主要在于各自的侧重点和内涵不同，它们没有阶段性，分别属于不同的经济序列。商品经济和市场经济就是在商品生产、商品交换发展的基础上同时产生、发展起来的两个同质的概念。但是商品经济不等于市场经济，因为二者还存在着比较明显的差别。

首先，侧重点不同。商品经济是商品生产、商品交换的总和。它相对于自然经济、产品经济而言，是为了解决社会生产的经济目的的一种经济形式。它在商品交换中遵循的是等价交换的原则。市场经济是相对于自然经济和计划经济而言，是一种具体的、解决社会生产什么、生产多少的经济运作形式，是一种自发地配置社会资源的主要形式。它不仅要求商品社会化、等价地进行商品交换，而且要求高效、合理地配置社会资源，避免社会资源的损失浪费。

其次，内涵不同。商品经济是指直接为市场交换并以价值为基础的等价交换的经济形式。市场经济是指社会资源配置的一种主要方式。第一，商品经济要求商品市场化，市场经济不仅要求产品市场化，它还要求产权市场化。商品经济虽然也要求界定产权，却是为了进行产品交换。市场经济同样要求界定产权，不仅是为了交换产品，而且也是为了通过市场供求关系变化，使财产使用权、所有权能进入市场来合理配置资源。第二，市场经济要求资金市场化。第三，商品经济对劳动力使用的市场化要求并不严格，但市场经济对劳动力的要求就相对严格，它要求劳动力的使用也要市场化。产权、资金、劳动力、房地产、技术及信息都要市场化，这是市场经济最显著的特征和最重要的功能。

2.商品经济与市场经济的联系

两者的联系集中体现在市场机制和市场体系等范畴上。就市场机制而言，商品经济是通过价格、竞争、供求、利率等市场机制来运行的。而市场经济就是以市场机制为基础的资源配置方式，所以说两者有着共同的机制。就市场体系而言，随着商品经济的持续发展，市场的范围不断扩大，不仅包括商品市场、物资市场，而且还包括资金、土地、技术等生产要素市场，这些共同构成了一个完整的市场体系。市场体系的形成，既是商品经济发展的结果，也是市场经济发展的表现，二者有着共同的内在要求。

3.商品经济与市场经济没有阶段性

从市场经济与商品经济的联系来看，它们同时产生，承认商品经济的存在就必须承认市场经济，商品的价值与使用价值之间的矛盾决定了商品生产与市场产生的同步性。商品是用来交换的劳动产品，它具有满足人们消费需求的属性，这是商品的使用价值，又叫商品的自然属性。商品同时又凝结着无差别的一般人类劳动——商品的价值，又叫商品的社会属性。无论是商品生产者还是商品消费者都不可能同时占有商品的使用价值和价值。商品二重性的矛盾，集中体现了社会总供给与社会总需求之间的矛盾，这种矛盾只能通过市场中的商品交换来解决。有商品生产，就必须有市场，市场是全部商品交换关系的总和。从简单的商品生产到商品经济，是一个从量变到质变的过程，发生质变的根本条件就是市场要由狭小的、体系不全的状态发展到统一健全、开放性的大市场状态，尤其是生产要素要在全社会自由流动。这就是说，商品经济的产生和发展离不开市场经济的产生和发展。市场经济的发展是商品经济发展的基本条件。二者的产生和发展是相辅相成、相互促进的。商品经济和市场经济都通过交换环节，将社会再生产过程中的生产、消费有机地联结起来，从而区别于自然经济和产品经济。

人类社会有三种调节方式，按照它们的时序性排列是自然调节方式—市场调节方式—计划调节方式。在自然经济条件下，各氏族公社、家庭、作坊都是为了自己的生存、发展进行经济生产，而一旦达到自给自足的目的，自然调节便会立即停止，当然这其中存在个别的商品交换。在产品经济条件下，经济生产的目的是解决全社会的供求平衡。政府作为经济运行的主体，服从行政命令，采取计划经济形式配置社会资源。在商品经济条件下，经济生产的目的是实现全社会商品价值的增值，它是一种以市场经济为基础的经济形式，可以自发地配置社会资源。由此可见，商品经济和市场经济各自所对应的经济范畴是不同的，它们分别属于不同的经济序列，商品和市场是不可分割的经济范畴。它们作为同质的东西是同步发展的，不存在发展上的历史先后之分，没有阶段性与继替性。

第二节　市场体系

现代市场体系对于现代市场经济的运行具有十分重要的意义，它是现代市场经济运行的载体，是资源配置的场所，是企业竞争的战场。它的状况，对于现代市场经济能否高效益、高速度地发展，关系极大。中国共产党对发展现代市场经济体系高度重视，中国共产党早在十四届三中全会便作出《中共中央关于建立社会主义市场经济体制若干问题的决定》，强调要"培育和发展市场体系"。构建一个体系完整、机制健全、统一开放、竞争有序的现代市场体系是完善中国社会主义市场经济体制的重要内容。中国目前的市场体系发展还不完善，随着市场经济的逐步推进，市场体系应该逐步规范，告别发展不平衡的状况。

一、市场要素

现代市场经济是由市场主体、客体、机制、体系和法规五个方面组成。主体、客体、机制和体系四个部分密不可分，法规具有规范市场行为的独特性质，这五方面互为因果，通过相互作用，将五个部分各自的功能和作用表现出来。经济利益是一切社会生活的利益规范，是市场主体行为动机的内在推动力，市场机制是市场主体利益分配的信号，不同经济主体从不同角度追逐市场客体即各自的物质利益，市场体系就是容纳不同主体追求不同表现形式的物质利益的空间，其中各种利益信号的强弱，主要通过各种价值形式来体现。

（一）市场主体

1. 什么是市场主体

市场主体是指在市场上从事经济活动，享有权利和承担义务的个人和组织。具体来说，就是具有独立经济利益和资产，享有民事权利和承担民事责任的可从事市场交易活动的法人或自然人。任何市场主体参与经济活动都带有明确的目的，以在满足社会需要中追求自身利益最大化为目标。

2. 市场主体的结构

在市场经济社会，市场主体应当是平等的主体，是市场经济的重要组成部分，它分为三个层次，即宏观层次上指政府、中观层次上指企业与中介组织、微观层次上指居民。

（1）个人或家庭作为市场主体

个人或家庭作为市场主体，在市场活动的表现具体有两点：一是为购买消费品和劳务，其支出直接构成消费品和服务商品市场的需求，其支出方向和结构直接影响市场消费结构，影响消费结构的发展变化趋势；二是个人投资，这种投资是把货币收入转化为投资，一般通过金融机构间接融资手段，转化为投资品市场和消费品市场的需求；三是进入市场的目的是满足个人或家庭的偏好，这种偏好分为具有经济利益的和具有非经济利益的，此外也有社会公益偏好。个人和家庭在市场中最重要的特征是作为一个消费者和要素的所有者存在。居民个体在市场中的地位很微弱，力量很小，但是个体的数量和规模是巨大的。

（2）企业作为市场主体

企业是所有市场主体中最重要的部分，这是由企业在国民经济中的基础地位所决定的。从一定意义上可以说，企业作为市场主体地位的确立，就是社会主义市场经济体制建设的基础工程。

（3）政府作为特殊的市场主体

市场主体不仅仅是企业，政府同样也是重要的市场主体，原因在于：一是政府作为国有企业的管理机构，对国有企业的市场行为影响较大；二是政府作为投资者，投资决策需要直接与市场相联系；三是政府作为消费者，自身的购买行为也应该是基于研究市场供求关系的基础上，自我约束，尽量节省纳税人的钱；四是政府还是调节者，政府这个市场主体对其他市场主体所实施的调控能力与效果，都对市场有着其他主体所不可比拟的作用。

3. 市场中介机构

随着改革的进程，中国产生了新的一类重要的市场主体，这就是市场的中介组织。市场中介机构是在生产社会化、市场化的基础上，为适应各种市场主体的共同需要，依法设立的独立公正、规范运作的专业化民间组织或个人。中介机构以非盈利或盈利为目的，专门在市场主体之间发挥服务、沟通、公证、监督作用。中介机构必须与政府彻底脱钩，真正做到客观、真实、公开，承担相应的法律责任和经济责任，并接受有关部门的管理和监督。

根据中介行为的性质，可将中介机构分为以下几类：

（1）服务性机构

它为买卖双方提供交易场所和服务设施，进行代购、代销、代运等代理业务。如证券交易所、黄金交易所、期货市场、批发市场、网上购物等。

（2）媒介性机构

它以提供市场信息为主，沟通市场交易，为买卖双方服务，如经纪商、代理商、拍卖行、职业介绍所、人才交流中心等。

（3）咨询性机构

它通过调查研究，为各种市场主体提供信息、咨询和建议，例如咨询公司，如美国的麦肯锡。还有策划公司，比如帮明星做包装策划的，或帮公司新产品做销售策划的。此外还有股市上进行股评的基金公司。

（4）公正性机构

它对市场主体的交易活动进行监督、鉴定、评估，调节各种纠纷，维护公平交易，如会计、审计、资产评估组织等。

（5）行业性机构

它能扩大同一行业或者有关行业市场主体之间的交往，形成正常的市场进入和交易秩序，加强行业自律，如行业协会、商会、联合会、消费者协会等。

4. 市场主体的地位

市场经济是一种主体经济，但这里的主体既包括政府，也包括企业，企业是区别于政府的最主要的市场主体，因此，这里就存在一个重要的问题，即在市场主体中，经济管理主体本位还是市场主体本位？经济管理主体本位还是市场主体本位，体现着经济体制选择的不同指导思想。经济管理主体本位意味着经济管理主体处于整个社会经济的决策中心、指挥中心，政府是社会资源的最主要配置者，政府是企业的司令官。而市场主体处于次要地位甚至是被支配地位，少有或没有自主权，只不过是政府意图的忠实履行者，政府政策的严格执行者。市场主体本位意味着市场主体处于社会经济的中心，市场主体是社会经济发展的根本动力，市场主体是社会经济的各分散决策主体，是社会资源的主要配置者。实践证明，只有以市场主体为本位，一切为了市场主体，一切依靠市场主体，社会经济才能发展。强大的市场主体就是强大的经济和强大的国家。

（二）市场客体

1. 什么是市场客体

所谓市场客体是指在市场上用于交换的各种商品和服务。如各种消费品、生产资料、劳动力、技术、信息、证券、外汇、房地产、产权、旅游和通信服务等。近些年随着商品经济的发展，市场经济客体的范围呈现不断扩大的趋势。随着生产力的发展和社会分工的出现，市场客体的范围从生活资料扩大到生产资料。随着资金市场和劳动力买卖的出现，资金和技术也成为市场经济的客体，市场经济客体的范围进一步扩大。总之，随着生产力的发展和商品化程度的不断提高，与此相适应，市场经济客体的范围也不断扩大。市场经济的客体作为市场经济运行不可缺少的重要部分，也受到市场规律这只"无形的手"与政府宏观调控的制约和规范，但最重要的还是要由政府相关机构在遵循价值规律与供求平衡规律的前提下对市场经济客体进行制约与规范，由此可见，对市场经济客体的规范主要依赖于政府的宏观调控。

2. 市场客体的特性

（1）它必须能够满足人的某种需要。

（2）相交换的物品或劳务必需品具有不同的使用价值，能够分别满足交换双方的需要。

（3）能够用于交换的必须是稀缺的经济物品。

（4）相互交换的物品和劳务不仅要有不同的效用，而且还要有价值量的差别等。

（三）市场行为

1. 什么是市场行为

市场行为是指企业在充分考虑市场的供求条件和其他企业关系的基础上，所采取的各种决策行为，或者说是企业为实现其既定目标而采取的适应市场要求的调整行为。

2. 市场行为的内容

商品生产经营者的市场行为内容十分繁杂，而且在不断地发生变化。但其行为都是以实现商品价值进而实现利润最大化为目的，因此市场行为的内容围绕这一基本目的可以归纳为以下几种行为：

（1）营销行为

商品生产经营者总是要尽快地尽量多地把商品销售出去，以补偿生产经营中的消耗花费并取得预期的收益。它们通过制定营销策略，采取多种多样的促销手段，以达到目的。生产经营者的促销行为主要包括人员促销、广告促销和商标促销等行为。向用户和广大的消费者宣传自己的商品、增强商品的知名度、扩大行销面是这些促销行为的主要目的。这些营销行为中既有积极正当的符合市场经济秩序规范的行为，也有违背市场经济秩序的不正当竞争行为。这就要求工商行政管理部门大力支持和鼓励市场主体正当的市场行为，严厉打击和取缔虚假广告、虚假销售等欺骗行为，打击利用假商标、商业贿赂的方式促销的行为。

（2）定价行为

市场经济体制下，国家定价功能的影响已经极其有限，企业成为定价的主体。企业定价的基础是成本，综合考虑市场供求、政府政策、市场竞争等因素来确定合理价格。在其他条件不改变的情况下，价格的高低与企业的盈亏息息相关，因此企业的定价行为应该是既考虑本企业的盈亏，又要考虑消费者的购买能力，尽量做到对两者都有利，这样才能有利于市场经济秩序的建立和维护。工商行政管理部门应支持鼓励产品定价合理、质量好的生产经营者，而对垄断价格、欺骗性价格予以限制。同时应制止哄抬物价、变相涨价等不正当的价格行为。

（3）合同行为

合同是指合同双方为了各自目的而明确相互间权利义务关系的协议。在市场经济条件下，商品生产者和经营者之间的商品交易，常以签订经济合同的形式得以实现，企业的生产和经营的目标常通过经济合同来敲定，这是市场经济与计划经济的区别之一。所以从一定意义上说，市场经济是一种契约经济。通过合同约束，规范合同双方当事人的行为，使其履行合同，使产销得到衔接，避免盲目的产销活动。在合同的签订和履行过程中，如果违反合同就会出现某一方受损的结果，如果普遍存在这一现象就会使整个国民经济运行受到干扰和阻碍，实际上也就是影响市场经济秩序的正常运行。这就是说，在合同的订立与履行过程中同样存在损害市场功能和秩序的行为。工商行政管理部门必须对利用合同进行的违法、违章活动进行管理，以维护正常的市场经济秩序。

除上述市场行为以外，还存在市场经营主体的投资行为、信用行为、质量行为、招用工等行为。这些行为与资金市场、劳务市场等有直接关系。市场主体的上述市场行为必须由工商行政管理部门进行规范和管理，使其按照市场的运行规律和市场经济秩序规范进行活动，才能更好地建立和维护市场经济秩序。

（四）市场规则

1. 什么是市场规则

市场规则是国家为了保证市场有序运行而依据市场运行规律所制定的规范市场主体活动的各种规章制度，包括法律、法规、契约和公约等。市场规则可以有效地约束和规范市场主体的市场行为，使其规范化、有序化和制度化，保证市场机制正常运行并发挥应有的优化资源配置的作用。市场秩序的建立，得益于一个好的市场规则。如果市场难以发挥它在资源配置中的基础性作用，那么社会主义市场经济体制也不可能真正地建立起来。因此，建立和规范社会主义市场秩序，必须建立健全社会主义市场规则。

2. 市场规则的内容

社会主义市场规则可以分为市场进出规则、市场竞争规则、市场交易规则和市场仲裁规则四个方面。

（1）市场进出规则

市场进出规则是市场主体和市场客体进入或退出市场的行为准则与规范。市场进出规则实际上是对某个市场主体或某种商品能否进入或退出一市场进行评判。

市场主体进出市场规则主要包括三方面的内容：第一，市场主体进入市场的资格规范。按照市场开放、产业结构优化的要求和市场主体应具备的条件，各个市场主体从事生产经营活动必须具备合法身份；第二，市场主体的性质规范。按照法律、法规和政策规定，根据市场的章程、组织机构以及人、财物等生产要素及其组合，依法确认为有限责任公司、股份有限公司、合伙企业和个体企业等，并确认市场主体的经营范围；第三，市场主体退出市场的规范，如破产、歇业、兼并、收购等，要符合一定的法律程序。

市场客体进出市场规则主要包括两方面的内容：第一，市场客体上市交易必须合法；第二，商品的质量、计量及包装等必须符合有关规定，凡质量低劣、假冒伪造、"三无"、过期失效、明令淘汰、有害身心健康的商品不能进入市场。

商品进出规则是使市场主体和商品进出市场的行为规范化，是保证市场有序运行的重要制度基础。

（2）市场竞争规则

市场竞争规则，是指国家依法确立的维护各市场主体之间的平等交换、公平竞争的规则，是根据市场经济的内在规定和要求，依法确立的市场竞争行为规范。它要求各市场主体都有均等的机会从市场选购生产要素、进出市场、在平等竞争中由市场形成价格、税负公平等。市场竞争规则的基本宗旨和核心内容，是为相互竞争的各市场主体提供公平交易、机会均等、公平竞争的市场环境。

市场竞争规则是市场主体之间地位平等、机会均等竞争关系的制度体现。它主要由三个部分组成：第一，禁止不正当竞争行为。不正当竞争行为是指经营者采用欺骗、胁迫、利诱、诋毁以及其他违背公平竞争准则的手段，从事市场交易，损害竞争对手利益的行为。第二，禁止限制竞争行为。限制竞争行为是指经营者滥用其拥有的市场优势地位和市场权利，或两个以上经营者通过协议等方式就交易价格、销售、交易条件等方面协调一致，妨碍公平竞争，损害竞争对手利益的行为。

第三，禁止垄断行为。垄断行为是指通过独占、兼并、独家交易、股份保有、董事兼任等形式，以达到完全、永久地排斥竞争对手，取得独占、控制和支配市场的目的。

（3）市场交易规则

市场交易规则是各市场主体在市场上进行交易活动所必须遵守的行为准则与规范。市场交易规则的首要职能是规范市场交易方式，要求市场交易规范化。其中主要包括：一是交易货币化，即用货币作为交易的媒介，让货币执行价值尺度的职能，使交易建立在货币价值尺度的基础上；二是交易公开化，即一切交易活动都要在有组织的市场上公开进行，不容许幕后活动与黑市交易；三是信用票据化，即通过信用票据促进商品交换，并使商业信用规范化。

市场交易规则的第二个职能是规范交易行为。在这方面，市场交易规则主要是要形成自愿的而非强制的公平交易，使买卖双方进行双方互惠和货真价实的买卖活动，反对和禁止强买强卖、巧取豪夺、坑蒙拐骗等非法行为。

市场交易规则的第三个职能是规范交易价格。价格规范化是市场交易有序化的重要内容和基础，市场混乱往往突出表现为价格的混乱，因而市场交易规则必须把规范价格作为重要的内容。市场交易规则要明确价格形成制度，对于包括作价方法、作价原则、申报和监督制度在内的一整套价格形成过程，都要作出明确规定，不容许任何交易者违背价格形成制度。市场交易规则规范交易价格的重点，能防止无根据定价，牟取暴利及不必要的转手加价，特别是有意识地搞涨价风潮，破坏市场价格的稳定等行为。总之，市场交易规则主要通过各种规定来规范价格的形成，从而最终形成价格机制，即通过规范价格来保证市场的有序运行。

（4）市场仲裁规则

市场仲裁规则，是市场主体之间发生纠纷、进行仲裁的准则和规范。在各市场主体进出市场、开展竞争和进行交易的过程中，难免会发生各种矛盾和纠纷，因此需要有市场仲裁规则。市场纠纷的仲裁，包括司法、行政管理、社会仲裁和调节机构等多种组织和多种形式。市场仲裁规则要划分各种仲裁机构和仲裁形式的职责范围及其相互关系，规定仲裁的程序、仲裁依据的标准等。各种形式的仲裁规则都同时包括对当事人责任的认定、赔偿规则和惩罚规则。这个规则必须体现公平原则，对买卖双方一视同仁，不能偏袒任何一方。

二、市场结构

市场结构有狭义和广义之分，狭义上的市场结构是指买方构成市场，卖方构成行业。广义上的市场结构是一种综合状态的集合，主要指一个行业内部买方和卖方的数量及其规模分布、产品差别的程度和新企业进入该行业的难易程度，总结起来即某一市场中各种要素之间的内在联系及其特征。传统上按行业内厂商之间的竞争程度把市场划分为四类。

（一）完全竞争市场

竞争最极端的市场称为完全竞争市场，又叫作纯粹竞争市场。在这一市场中竞争不会受到任何形式的干扰、阻碍和限制。在这种市场类型中，市场完全由"看不见的手"进行调节，政府对市场不作任何干预。

1. 完全竞争市场的条件

完全竞争市场具备一定的前提条件，实际上这些前提条件也是完全竞争市场所具有的明显特征。

（1）市场上存在的单独市场行为不能影响市场价格

由于市场上存在着大量的生产者和消费者，与整个市场的生产量和购买量相比，任何单个个体的生产量和购买量所占的比例都很小，因而，他们都无法影响市场的产量和价格，所以，任何生产者和消费者的单独市场行为都不会引起市场产量和价格的变化。美国经济学家乔治·斯蒂格勒指出："任何单独的购买者和销售者都不能依凭其购买和销售来影响价格。用另一种方式来表达，就是：任何购买者面对的供给弹性是无穷大，而销售者面临的需求弹性也是无穷大的。"

（2）企业生产的产品不存在差别

市场上存在许多企业，每个企业在生产某种产品时在外形、包装、质量、性能等方面是没有差别的，以至于任何一个企业都无法使自己的产品不同于他人的产品，因此无法影响价格形成垄断，享受垄断利益。对于消费者而言，无论购买哪一个企业的产品都是同质无差别产品，也就是说这些产品无法通过购买需求形成一定的垄断性而影响市场价格。只要企业生产的是同质的产品，那么各种同质产品之间就具有完全的替代性，这很容易接近完全竞争市场。

（3）生产者可以自由进出市场

任何一个生产者，都可以自由进出某个市场，即进出市场完全由生产者自行决定，不受任何社会法令和其他社会力量的限制。由于不存在任何进出市场的社会障碍，生产者能够自由进出市场，因此，当某个行业市场上存在净利润时，许多新的生产者便会被吸引进入这个行业市场，导致竞争激烈，引起利润下降甚至逐渐消失。而当行业市场出现亏损时，许多生产者又会退出这个市场，竞争趋于平缓，获取市场利润的空间增大。这样，在一个较长的时期内，生产者只能获得正常的利润，而不能获得垄断利益。

（4）市场交易活动自由公开

市场上的买卖活动完全自由、公开，商品购买者可以自由公开地向市场上任何一个商品销售者购买商品，商品销售者也能够自由公开地将商品出售给任何一个购买者，市场上不存在任何歧视。同时，市场价格也只随着整个市场的供给与需求的变化而变动，没有任何人为的限制。

（5）市场信息畅通准确

生产者完全了解生产要素价格、自己产品的成本、交易及收入情况以及了解其他生产者产品的有关情况。消费者完全了解各种产品的市场价格及其交易的所有情况。劳动者完全了解劳动力资源的作用、价格及其他收益。

（6）各种资源充分流动

任何一种资源都能够自由地进出某一市场，能够随时从一种用途转移到另一种用途中去，不受任何阻挠和限制。即各种资源都能够在各种行业和各个企业间自由充分地流动。商品能够自由地由市场价格低的地方流向市场价格高的地方，劳动力能够自由地由收入低的行业或企业流向收入高的行业或企业，资金、原料和燃料等也可以自由地由效率低、效益差的行业或企业流向效率高、效益好的行业或企业。

2. 完全竞争市场的缺陷

完全竞争市场也是一种有许多缺陷的市场形式。

第一，完全竞争市场在现实生活中很难成立，因此，完全竞争市场的效率的实现，也必须基于具备了严格前提条件的情况下才会出现。而在现实经济活动中，完全竞争市场所需的所有前提条件很难具备，实际上，完全竞争市场在现实经济活动中很难出现。

第二，完全竞争市场所必需的有大量小企业存在这个条件既不可能也不适用。在现实经济实践中，即使进入市场非常自由，由于其他各个方面条件的限制和影响，进入市场中的企业也不可能无限多。即使市场中已存在有大量的企业，这些企业也只能是小企业，小企业对于先进的生产技术和设备无力引进，这大大阻碍了生产效率的较大提高，产品的生产成本也难以降低。即使能够引进先进的生产技术和设备，也无法达到规模生产，这时其生产成本不仅不降反升。

第三，完全竞争市场会造成资源的浪费。在完全竞争市场条件下，自由进入使效率更高、产品更能适合消费者需要的企业不断涌进市场，而那些效率低、产品差的企业又不断地被淘汰退出市场。小企业在技术进步和外来干扰的冲击下很容易在竞争中失败，那些因在竞争中失败而退出市场的企业，其整个企业的设备与劳动力仍然可以发挥作用，却被迫停止使用，这样反而会造成物质资源和劳动力资源的浪费。

第四，完全竞争市场中完整知识的假设是不现实的。一般情况下，无论是生产者还是消费者，都只能具有不完整的知识，市场信息也不可能保证既畅通无阻又非常准确。所以，市场参与者都不可能具有全面、完整、准确的市场信息和市场知识，拥有完整的市场知识只存在于不现实的理论假设之中。只有农业生产等极少数行业比较接近完全竞争市场。因为在农业生产中农户的数量多而且生产规模一般都不大，同时，每个农户生产的农产品产量和它在整个农产品总产量中所占的比例都非常小，因而，每个农户的生产和销售行为都无法对农产品的市场价格产生实质影响。如果有的农户要提高自己农产品的销售价格，农产品的市场价格并不会因为单独农户的行为而提高，其最终结果只能是提价农户自己的产品卖不出去。如果农户要降低农产品的销售价格，农产品的市场价格也不会因此而下降，虽然该农户的农产品能以低于市场价的价格较快地销售出去，但是，降价农户不可避免地会遭受很大的经济损失。这样，农户降低其农产品价格的行为就显得毫无意义了。

（二）完全垄断市场

1. 认识完全垄断市场

完全垄断市场，是一种与完全竞争市场相对立的极端形式的市场类型，也叫作纯粹垄断市场，一般简称垄断市场。完全垄断市场，就是指只有唯一一个供给者的市场类型。完全垄断市场的假设条件有三个方面：第一，整个市场的资源、物品和劳务都由一个供给者提供，消费者众多；第二，没有任何接近的替代品，消费者不可能购买到性能等方面相近的替代品；第三，进入限制使新的企业无法进入市场，从而完全排除了竞争。

2. 垄断市场形成的原因

垄断市场形成的原因很多，最根本的一个原因就是为了建立和维护一个合法的或经济的壁垒，以便巩固垄断企业的垄断地位。垄断企业作为市场唯一的供给者，很容易控制市场某一种产品的数量及其市场价格，从而可连续获得垄断利润。具体地说，垄断市场形成的主要原因有以下几个方面：

第一，垄断市场的形成是生产发展的趋势。在生产的社会化发展过程中，自由竞争自然而然在引起生产和资本的集中，而当生产和资本的集中发展到一定阶段以后，就必然会产生垄断。一方面，当生产和资本发展到一定阶段后，生产和资本逐步集中到少数的大企业手中，他们之间就容易达成协议，形成垄断；另一个方面，生产和资本的集中发展到一定阶段后，生产和资本必然集中到了少数大企业手中，这些大企业为了避免两败俱伤从而获取稳定的垄断利润，他们都有谋求达成垄断的共同需要。

第二，垄断市场的形成是规模经济的要求。有些行业的生产需要投入大量的固定资产和资金，如果充分发挥这些固定资产和资金的作用，则这个行业只需要一个企业进行生产就能满足整个市场的产品供给，这样的企业适合于进行大规模的生产。具有这种规模的生产就具有经济性，低于这种规模的生产则是不经济的。这样来看，规模经济就成为垄断形成的重要原因。

第三，垄断市场的形成是自然垄断性行业发展的要求。有些行业具有向规模经济、范围经济发展的内在趋势，而在整个市场中随着企业生产规模的扩大和范围的扩展，单位成本递减，从而实现的效益增加，这些行业具有自然垄断性。通常情况下，这些具有自然垄断性的行业是由政府来经营的，如电力、电话、自来水、天然气以及公共运输等行业就是如此。

3. 对完全垄断市场的评论

从完全垄断市场形成原因的分析中，可以看出这种市场类型对社会有利的一面主要体现在两方面：一是完全垄断市场具有促进资源效率提高的功能。规模经济是完全垄断市场形成的重要原因，完全垄断市场具有促进经济效率提高的可能性也表现在规模经济上。要形成完全垄断市场，必须要拥有并投入大量的固定资产和资金，同时提供产品的全部供给，减少资源的消耗，降低产品的成本，使用先进的生产设备和生产技术。这些都将提高资源的使用效率；二是完全垄断市场具有刺激创新的作用。完全垄断市场类型与创新之间存在着紧密的联系。专利是形成垄断的一种原因，完全垄断市场通过专利的形式赋予创新者以垄断排他性权利，使创新者在一定时期内享有创新带来的经济收益。因此，更多的企业都会加入到创新的活动中来。周而复始，更大范围和更高层次的创新活动得以促进和开展，从而推动社会的发展。

完全垄断市场也存在着对社会不利的一面：第一，完全垄断市场会造成市场竞争的损失。市场竞争关系到企业的生存命运和发展前途，完全垄断市场排除了市场竞争之后，使社会在一定程度上失去了技术进步的推动力；第二，完全垄断市场会造成生产效率的损失；第三，完全垄断市场会造成社会产量的损失。在完全垄断市场条件下，垄断企业根据利润最大化所决定的产量进行生产，这种生产规模对于社会来说不是最优生产规模，其产量不是社会最优产量。因为一般来说，垄断市场的产量低于完全竞争市场的产量，在这种情况下，垄断市场最终造成了社会产量的损失；第四，完全垄断市场会造成消费者利益的损失。在完全垄断市场条件下，由于垄断企业垄断权力控制了市场价格，消费者只能被迫接受垄断企业控制的市场高价格，必然造成消费者利益的重大损失。

完全垄断市场也是一种极端的市场类型，这种市场类型只是一种理论的抽象，在现实经济实践中几乎是不可能存在的。但是，研究完全垄断市场具有积极的意义，研究它有利于我们研究现实市场类型条件下市场主体行为如何最佳化，还可以使我们明确政府对垄断行为进行干预、调节的必要性和所起的重要作用等。

（三）垄断竞争市场

1. 什么是垄断竞争市场

垄断竞争市场，是不完全竞争市场类型中的一种市场形式，具体是指既存在着竞争又存在着垄断、既不是完全竞争类型又不是完全垄断类型的市场类型。因而，垄断竞争市场类型，介于竞争和垄断两种市场类型之间，同时又兼具竞争和垄断两种市场类型的基本特征。在现实经济生活中，完全竞争市场和完全垄断市场并不存在，而大量存在的是垄断竞争市场类型，大多数行业的产品市场就是垄断竞争市场类型。这些行业市场中的企业数量多、规模不大、产量较小，其产品、服务与条件等方面均存在差别，这些企业在市场上既存在着激烈的竞争，又对各自的差别产品有一定的控制能力，因而，这些企业兼有垄断与竞争两种特征。

2. 垄断竞争市场的特点

(1) 垄断竞争市场存在着大量规模较小的企业

这种特点决定了企业对市场价格的影响很小,却可以影响自己产品的市场价格。由于企业对市场价格不具备控制力,不能形成垄断,所以企业要将自己的产品销售出去,企业间必然会发生激烈的竞争,这一点与完全竞争市场中的企业相同。但是,在垄断竞争市场中,不同企业生产的是差别产品,产品的差别又使垄断竞争企业对自己的产品有一定的控制力,所以企业又可以影响甚至决定自己产品的市场价格,这一点又不同于完全竞争市场中的企业。

(2) 垄断竞争市场存在着较多的替代品

由于存在着大量规模较小的企业,同时每个企业都在生产和销售同一产品类别内非常类似的产品,这样,市场上就存在着大量的接近于替代品的产品,这些产品是可以用来相互替代的。由于同一产品类别内类似产品具有很强的替代性,消费者就具有很大的选择性,因而,替代品之间的竞争就变得不可避免。

(3) 垄断竞争市场中的产品是有差别的产品

垄断竞争市场上不同供给者提供的产品是有差别的产品,这种产品的差别指的不是不同种产品之间的差别,而是指同一种产品的不同之处。这种产品的差别，表现在三个方面：第一个方面的差别是产品本身特点引起的差别；第二个方面的差别是产品销售者服务质量和条件引起的差别；第三个方面的差别是由购买者的想象而存在的差别。

（4）垄断竞争市场存在着激烈的非价格竞争

非价格竞争，就是通过生产与竞争对手有非价格差别的产品，去适应消费者对差别产品的消费偏好，争取更多的消费者。激烈的非价格竞争，主要表现在两个方面：一方面是表现在非价格差别产品生产方面的竞争；另一方面是表现在非价格差别产品宣传方面的竞争。这些非价格竞争能起到价格竞争所不能起到的巨大作用，因此，垄断竞争市场上在进行价格竞争的同时也进行着激烈的非价格竞争。

（5）垄断竞争市场中新企业的进入难度增加

一个新的企业要进入到垄断竞争市场中去参与市场竞争，需要具有相对更高的生产能力和生产条件，还需要有相对更高的广告宣传能力。

3. 对垄断竞争市场的评论

垄断竞争市场是现实经济生活中普遍存在的一种市场类型，这种类型的市场对社会经济发展的有利影响，主要表现为：

第一，垄断竞争市场有利于消费者多样性消费需求的满足。消费者的消费需求和消费偏好是极为复杂而且多变的，在单纯的完全竞争市场和完全垄断竞争市场的条件下，各个企业生产的产品都无法满足消费者的需求和偏好。因此，企业只有在垄断竞争市场条件下才能不断生产出具有不同特色的差别产品，从而满足广大消费者各类不同的消费偏好和需求。

第二，垄断竞争市场的效率高于垄断市场的效率。垄断竞争市场的效率，处于完全垄断市场和完全竞争市场之间，高于完全垄断市场而低于完全竞争市场。

第三，垄断竞争市场有利于企业的竞争。在垄断竞争市场上，企业的数量多而规模较小，同时产品的替代性很强，因而企业间的竞争很激烈，但是每个企业生产的又都是差别产品，这又使企业有能力控制自己的产品产量及其价格，从而就对自己的产品拥有了一定程度的垄断能力。垄断竞争市场的这种特征有利于企业不断提高其市场竞争能力，使企业能够在激烈的竞争中取胜。

第四，垄断竞争市场有利于鼓励创新。在垄断竞争市场的条件下，每个企业必须生产出与其他企业有差别的新产品，才能得以生存和发展，而差别产品的生产本身就是一个创新的过程。垄断竞争市场有利于激发企业创新的积极性，企业只有创新才能进入垄断竞争市场，获取利润。

垄断竞争市场对社会经济的发展同样产生了一些不利影响，主要表现为：

第一，垄断竞争市场不能以最佳规模进行生产。在垄断竞争条件下企业生产出的产品产量低于平均总成本最低时的产量规模，其产品的平均总成本高于最低平均总成本。也就是说其资源如生产设备未得到充分利用，产生了多余的生产能力，生产要素使用方面存在着某种浪费。

第二，垄断竞争市场增加了产品的成本。垄断竞争市场是现实的市场类型，所以企业生产出产品以后要花费大量资金和人力进行广告宣传和推销活动，以便让更多的消费者了解企业的差别产品，引导消费者来消费该企业的产品。巨额的广告宣传和活动推销费用，是算入产品从生产到价值实现这一过程中的花费的，这些费用最终平摊进每件产品生产成本中去，这样一来，就大大增加了产品的成本，而消费者从产品本身获得的收益并没有随着广告、推销费用投入的上升而增加。

第三，垄断竞争市场使消费者消费支付增加。在垄断竞争市场条件下，企业生产产品的直接生产成本高于平均最低生产成本，同时需要进行广告宣传和推销活动，于是在本来成本就较高的基础上增加了产品的广告和推销费用成本，从而使产品平均成本大大上升。消费者消费这些产品时，就要比在完全竞争市场条件下支付更多的货币。

（四）寡头垄断市场

1. 认识寡头垄断市场

寡头垄断是一种由少数卖方主导市场的市场状态，寡头垄断是同时包含了竞争因素和垄断因素，同时又更接近于完全垄断的一种市场结构。寡头垄断的形成首先是由某些产品的生产与技术特点所决定的，寡头垄断行业往往是生产高度集中的行业，如钢铁汽车、石油等行业。寡头厂商为保持自身地位而采取的种种排他性措施以及政府对某些寡头厂商的扶持政策等，也可促进寡头垄断市场的形成。

寡头垄断市场是由极少数企业控制整个市场产品的生产和销售的一种市场组织，占垄断地位的少数几家企业都在该行业占有举足轻重的地位，它不同于完全垄断市场，也不同于垄断竞争市场。完全垄断只有一个厂商，它的供给与需求等同于一个行业的供给与需求，垄断竞争市场则包含较多的厂商，每个厂商只是行业中的一小部分。而在寡头垄断市场中，这种相互依存的关系是十分明确的，某一家企业降低价格或扩大销售量，其他企业都会受到明显影响，从而作出相应的对策。这就导致任何一家企业作出某项决策的时候，都必须考虑自身竞争对手的反应，并对这种反应作出估计。所以，单个企业很难对产量与价格问题给出像其他市场结构那样肯定而又确切的答案。寡头结构一方面促进了这个市场整体的标准化，另一方面，又让各个企业面临无差别竞争的境地，这种竞争存在于价格与非价格竞争之间。非价格竞争包括广告竞争和品质竞争。对寡头企业来讲，提升产品品质仅仅着眼于改善技术和系统的质量，而不解决同质性问题，那么，企业的竞争往往就侧重于价格和广告两个领域。

2.寡头垄断市场的成因

寡头垄断市场形态的出现主要归因于两点：一是因为市场竞争的垄断，即企业通过自身的竞争优势所获取的市场垄断，比如微软对操作系统软件领域的垄断；二是缘于政府法定的行政垄断，即政府通过法律法规赋予行业中的某个企业以垄断权力，同时对其进行一定的管制，以改善效率，比如自然垄断属性的行业中的供水管道、煤气等。

总之，寡头垄断经济形态广泛存在于国际经济环境之下。寡头垄断经济不仅存在于资源性行业，甚至也出现在了竞争性消费品领域。寡头垄断经济形态的广泛存在反映了国际经济发展的隐性趋势和资本流通的战略性选择，特别是国际经济环境中出现的全球性双寡头经济，已经在一定意义上代表了国际经济新生态。在国际经济大背景下，如何正确引导和合理规范寡头垄断经济，各国政府应给予足够的关注。

三、市场体系的功能作用

（一）市场体系的主要功能

1. 市场体系具有销售商品的功能

现代市场经济是高度发达的商品经济，商品销售问题首当其冲，销售市场越大，销售的产品越多，经济发展就越快。现代市场体系提供了大量现货交易市场，这些市场基础设施配备齐全、法制健全、管理科学、网点分布合理、交易形式多样。现货交易市场加快了商品流通和资金周转。现代市场体系还提供了许多规范化的期货交易市场。生产经营者参与期货交易，通过套期保值可以回避价格波动带来的风险损失；充分而公平竞争的期货交易对有关商品合理价格的形成有积极作用，还可引导企业调整产品结构；公开而规范的期货市场还有助于建立良好的市场秩序。总之，期货市场能促进商品销售，促进经济发展。

2. 市场体系有助于市场机制发挥作用

中国发展社会主义现代市场经济，就是要使市场在政府宏观调控下对资源配置起基础性作用。如果让市场机制起基础性作用，首先需要做的是完善市场。因为市场机制只是市场的一种特殊功能，市场完备到什么程度，市场机制也就完善到什么程度。有了完备的市场体系，市场机制才能充分发挥作用，促使资源合理流动而达到优化配置。

3. 市场体系能够促进资源配置的流动

要使市场机制在资源配置中发挥基础性的作用，必须培育和发展市场体系。要把发展生产要素市场当作目前的重点，规范市场行为，打破地区之间和部门之间的割裂和封锁，严禁不正当竞争，创建平等竞争的环境，形成统一、开放、竞争、有序的大市场。有了完备的市场体系，资源就可以自由流动，适应和促进市场经济发展。在市场机制作用下，资源必然流向产品供不应求的部门和行业，流向经济效益最好的企业，从而使资源得到优化配置、有效利用和节约使用，避免了资源的积压、浪费和低效使用。

4.市场体系有助于企业充分发挥竞争

竞争是市场经济的客观规律，是经济发展的强大动力，有竞争才有进步。因此，中国要创造条件，积极开展企业竞争。要建立统一开放、法制健全、公平竞争的市场体系。鼓励各个企业发挥自身优势，积极主动地投入市场竞争之中，经过优胜劣汰的激烈较量，推动经济发展。

（二）培育和发展现代市场体系

1.建立现代企业制度，转换国有企业经营机制

社会主义市场经济体制的基础，是以公有制为主体的现代企业制度。近些年来，通过国企经营自主权的扩大和改革经营方式等措施，企业活力大大得到了增强，企业由此获得了进入市场的初步基础。持续深入深化企业改革，必须解决更深层次的矛盾，要将企业制度的创新放在重要位置，进一步解放和发展生产力，充分发挥社会主义制度的优越性。

建立现代企业制度，是发展社会化大生产和市场经济的必然要求，是中国国有企业改革的方向。建立现代企业制度是一

项复杂艰巨的任务,必须积累经验,创造条件,逐步推进。当前,要继续贯彻《全民所有制工业企业法》和《全民所有制工业企业转换经营机制条例》,将企业的各项权利和责任实打实地落到实处。加强国有企业财产的监督管理,实现企业国有资产保值增值。加快转换国有企业经营机制和企业组织结构调整的步伐。坚决制止向企业乱集资、乱摊派、乱收费。有步骤地清产核资,界定产权,清理债权债务,评估资产,核实企业法人财产占用量。从各方面为国有企业稳步地向现代企业制度转变创造条件。

2.转变政府职能,建立健全宏观经济调控体系

改革政府机构、转变政府职能,是建立社会主义市场经济体制的迫切要求。政府管理经济的职能,主要是制定和执行宏观调控政策,发展基础设施建设,创建良好的经济发展环境。同时,要培育市场体系、监督市场运行和维护平等竞争,调节社会分配和组织社会保障,控制人口增长,保护自然资源和生态环境,管理国有资产和监督国有资产经营,实现国家的经济和社会发展目标。政府运用经济手段、法律手段和必要的行政手段管理国民经济,不直接干预企业的生产经营活动。

目前各级政府普遍存在机构臃肿、人浮于事、职能交叉、效率下降的问题，对企业经营机制的转换产生了阻碍，同时阻碍了新体制的建立。政企分开，精简、统一、效能是政府机构改革的基本原则，必须基于这一原则才能尽早完成政府机构改革。政府经济管理部门要转变职能，专业经济部门要逐渐缩减，综合经济部门要做好综合协调工作，同时加强政府的社会管理职能，保证国民经济正常运行和良好的社会秩序。

3. 充分发挥市场机制的作用

拿价格机制来说，价格机制调节生产与需求、调节资源流向等作用，是通过价格与价值的背离及其趋于一致的过程而实现的。因此，要充分发挥其作用，就要推进价格改革，建立政府宏观调控下主要由市场形成价格的机制，即商品的市场价格以其生产价格为基础，灵敏地反映市场的供求变化和币值变化。这样，价格机制就能充分发挥其作用。供求机制调节生产与消费的作用，则是通过供求关系的不断变化而实现的。所以，要充分发挥供求机制的作用，就要让供求关系能够灵活地变动，即供求关系在背离的方向上应该是灵活的，在背离的时间上和程度上是适当的。在现实的经济活动中，我们不能人为地把供求关系固定化，而应谋求在无数不平衡的过程中，实现供求关系的相对平衡。

4. 采取有力措施，培育各类市场

当前培育市场体系的重点，是发展金融市场、劳动力市场、技术市场、房地产市场和信息市场等。

发展和完备以银行融资为主的金融市场。资本市场要以积极的态度，快速稳妥地发展债券和股票融资。规范股票的发行和上市，并对发行规模进行逐步扩大。货币市场要将规范银行同业拆借和票据贴现作为发展重点，中央银行实施国债买卖。坚决制止和纠正各种违法违章的融资活动，建立针对发债机构和债券的信用评级制度，促进债券市场健康发展。

对劳动制度进行改革，积极推动劳动力市场的形成和最终建立。中国拥有巨大的劳动力资源，这既是经济发展的优势，同时也产生了巨大的就业压力，要把开发利用和合理配置人力资源作为发展劳动力市场的出发点。更多地吸收城镇劳动力就业，广开就业门路。引导和鼓励农村剩余劳动力逐步向非农产业转移，促进地区间劳动力的有序流动。丰富就业形式，运用经济手段调节就业结构，形成用人单位和劳动者双向选择、合理流动的就业机制。

要对房地产市场进行规范和发展。中国地少人多，必须十分珍惜和合理使用土地资源，加强土地管理。切实保护耕地，严格控制农业用地向非农业用地的转换。实行土地使用权一定期限内有偿出让制度，要改变商业性用地使用权的出让方式，用招标、拍卖的方式代替协议批租。国家垄断城镇土地一级市场，同时加强对二级土地市场的规范和管理，建立正常的土地使用权价格的市场形成机制。通过开征和调整房地产税等措施，控制和杜绝在房地产交易中获取暴利的行为，挽回国家收益的流失。控制高档房屋和高消费游乐设施的过快增长。加快城镇住房制度改革，控制住房用地价格，促进住房商品化和住房建设的发展。

进一步发展技术、信息市场。引入竞争机制，实行技术成果有偿转让，保护知识产权，实现技术产品和信息商品化、产业化。

5. 加强经济立法，健全市场法规系统

社会主义现代市场体系的建立和完善，必须有完备的法制来规范和保障。要高度重视经济立法建设，做到改革开放与法制建设的统一，积极运用法律手段管理经济。要遵循宪法规定，加快经济立法，进一步完善刑事法律、民商法律、有关国家机构和行政管理方面的法律，建立适应社会主义市场经济的法律体系；对司法制度和行政执法机制进行改革和完善，增强行政和司法执法水平；建立健全执法监督机制和法律服务机构，通过法制教育的开展，在全社会方位内提升法律意识和法制观念。

坚持社会主义法制的统一，改革决策要与立法决策紧密结合，立法要体现改革精神，用法律引导、推进和保障改革顺利进行。要完善立法的规划，积极制定关于规范市场主体、维护市场秩序、加强宏观调控、完善社会保障、促进对外开放等方面的法律。对建立社会主义市场经济体制不相适应的法律和法规要适时修改和废止。加强党在立法工作上的领导力，完善立法体制，改进立法程序，加快立法步伐，为社会主义市场经济提供法律规范。

加强和改善行政执法和执法监督，维护社会安定团结，保障经济发展，维护公民的合法权益。依法惩处各类刑事犯罪和经济犯罪，妥善积极地处理经济和民事纠纷。坚决纠正经济活动以及其他活动中的违法乱象，严禁有法不依、执法不严、违法不究、滥用职权等现象。加强执法队伍建设，提高人员素质和执法水平。建立对执法违法的追究制度和赔偿制度。

第三节 市场机制

社会主义市场经济的正常运行，是经济计划导向、经济杠杆调节、行政手段干预、法律制度规范、市场机制运作等多种因素综合作用的结果。在这些因素中，市场机制是基本的、内在的调节机制，其他因素则是对市场机制运行的引导、协调、辅助、补充和校正。市场机制，是市场经济的内在调节机制，只要有市场和市场经济的运行存在，市场机制就必然发挥其重要的调节作用。市场机制既决定着市场运行的轨迹，也制约着市场功能的发挥及实现程度，因而，市场机制是市场经济理论的核心内容和必不可少的重要理论范畴。所以，研究市场机制的一般理论，具有重要的意义。

一、市场机制的含义

市场机制的一般理论，首先反映在对市场机制的一般认识上。这其中包括对市场机制含义的基本认识和对市场机制的基本分析，这是市场机制一般理论的基础和前提，我们必须对这些基础性的范畴有清楚的了解。

（一）什么是机制

"机制"一词来源于希腊文，其原意是指机械、机械装置、机械机构及其运行原理。实际上是指机器在运行过程中，内部各种机构零件之间的一种相互影响、互相联系、互为因果的关系。后来"机制"这个词被移植到生物学和医学等其他学科领域，使用"生理机制"、"医理机制"等机制概念，比如人体的血液循环、呼吸系统、神经体统等，来说明有机生命体内部各个器官之间的相互关系的客观运行过程。发展到现在，无论是在人文社会科学中或是在自然科学中，"机制"的概念得到更广泛的使用，一般泛指某学科内部某一系统的复杂结构、运行原理及其内在规律性。"机制"一词引入经济领域后，形成了"经济机制"这一概念，指的是在经济运行过程中各种相互联系、相互作用、互为因果的关联因素对经济活动的调节功能。

（二）认识市场机制

市场是经济运行和经济活动的载体。在市场运行过程中，各种经济活动都表现为市场活动，各种市场主体为了追逐和实现各种经济目的及其利益结果，都要借助市场运行过程中的市场活动。市场之所以能够起到如此重要的作用，就是因为它具有一种自我协调组织能力，市场能够使各种市场要素相互联系、相互制约，而促使市场正常有序运行的这种自我协调组织能力就是市场机制，是经济机制的重要组成部分。

市场机制，在经济运行实践中大概包括价格机制、供求机制、竞争机制、工资机制、利率机制、风险机制等。这些具体的机制因素在市场运行过程中对经济活动的制约功能或调节作用，构成了市场机制的内涵。这些具体机制遵循经济规律，包括价值规律、供求规律、竞争规律、货币规律等。这些规律在发挥作用的过程中，形成了价格变动机制、供求平衡机制、竞争机制、利益分配机制等，所有这些具体的机制有机地结合在一起共同构成了市场机制。这些具体的机制相互作用、相互联系，构成了统一完整的市场机制。

供给与需求通过市场竞争形成市场价格，市场机制最集中和最基础的表现在于，通过调节市场价格的作用来实现市场平衡。以上所说的市场价格，包括商品价格、资金利率、工资和汇率等。市场价格是市场机制的核心因素。市场价格直接影响商品生产经营者所获得的利益，市场主体之间必然围绕市场价格的变化进行激烈竞争。

市场价格变动引发的市场竞争又会引起生产要素的流动，促使经济资源达到最优配置。在市场经济运行过程中，社会的需要不直接决定社会生产的比例，而是通过市场机制的作用自动地调节企业的生产经营活动，即通过价格、供求和竞争等市场要素的相互联系和相互作用来调节。通过这种对企业生产经营活动的自我调节，实现市场供给与需求的基本平衡，最终使社会生产的基本比例得到调节，使社会的生产能满足社会多方面的需求。

（三）市场机制与价值规律

市场机制与价值规律存在着非常紧密的联系，实际上市场机制就是价值规律的现实形式，也就是说市场机制是通过价值规律的作用来实现的，价值规律是市场机制的核心内容。价值规律是商品经济的基本规律，商品经济包含的其他规律都必须在遵循价值规律的基础上才能发挥作用。价值规律有两个最基本的要求：一是商品的价值由社会必要劳动时间来决定；二是商品交换必须遵循等价交换的原则。价值规律的这两种要求，必须依靠竞争和供求关系的经常变动所形成的价格围绕价值上下波动来实现。价值规律的实现过程就是价值规律的运动过程，价值规律的反复循环运动过程有效地调节着社会资源的配置。从价值规律的运行和市场机制内涵的分析中可以看出，价值规律的运动过程与市场机制的运动过程是相同的，换言之，市场机制就是价值规律发生作用的机制。

二、市场机制的特点

（一）市场机制具有自发性

市场机制具有自发性。市场机制内部存在着多种多样的市场要素，而协调这些市场要素之间的相互作用是市场自发进行的，并不是由于外部因素的力量形成的。市场在正常有序的运转过程中，市场要素之间的相互作用影响广泛，这种影响可以引起整体市场机制以及各种具体市场机制的作用。例如，商品价格与商品供需之间的相互联系、相互制约的作用，在市场上的表现是价格机制所引起的商品供求变化，也就是说，商品供求变化是由市场要素之间相互作用的内在机制决定的，而不是市场机制之外的人的力量决定的。市场机制存在着一套内在机理，它为人们促进市场机制提供了方向，但是如果人们的行为违背或损伤了市场机制的内在机理，就会对市场的正常有序运行造成破坏，市场机制就难以发挥作用了。

（二）市场机制具有动态性

市场机制是市场内部运动的基本形式，而推动市场机制不断运动的根本原因在于市场内部的矛盾性，即供求之间的对立运动。决定市场机制不断运动的外部原因，在于生产技术是不断发展的，人们的需求会随着生产力的发展而不断地产生变化，因而这就决定了市场供求从来不会一致，即使出现平衡也只是相对的平衡和一定条件下偶然的平衡。当市场运动过程中出现了某种市场信号，市场机制会针对这种信号进行市场运行协调，市场机制作用的结果需要一个协调而运动的过程。因为市场以及其中的各种市场要素都是在不断运动着的，当市场运行中出现了某种市场信号、市场机制发挥调节作用时，各种市场要素都会针对这种市场信号发生一系列连锁反应，当这种连锁反应持续一个周期时才会改变市场要素的运行状态，产生新的市场信号。也就是说经过一系列连锁反应，市场机制对市场活动的调节后果才能显现出来。如果没有市场要素之间相互作用的一系列连锁反应的运动过程，市场机制就无法发挥并产生实际效果。

(三) 市场机制具有关联性

在现代市场条件下，市场系统内的各相关要素都不能独立存在，而表现为互相关联。各相关要素在市场机制中分别履行着不同的社会职能，发挥着不同的作用。市场机制的关联性，指的是市场机制是一系列市场要素环环相扣、互为因果的运动过程。也就是说，市场机制中任何一个机制作用的发挥都会引起其他机制的相应反应，并要求其他机制的积极配合。例如，市场中的商品供求变化后会直接引起商品价格的变化，在其他条件不变的情况下，商品价格的起伏会引起市场主体利润的变化，利润的变化会引起投资活动的变化，投资的变化会引起工资和利率的变化。具体来说，供大于求商品价格下跌，商品价格下跌则利润减少，利润减少则投资减少，投资、工资、利率的变化会引起供求关系发生新的变化，供求关系新的变化又会引起价格、利润、投资、工资、利率等发生新的变化，反之亦然。各种市场机制就是如此循环往复不停不休地变化。假如某种市场机制运行出现问题，不能正常发挥作用，那么就会导致后面环节的机制无法正常发挥作用而使整个市场机制出现不正常作用甚至瘫痪的局面。

（四）市场机制具有客观性

市场机制的客观性，指的是市场机制的自然协调组织能力不依赖人们的主观设计，而是凭借各种市场要素自由运动的结果，这些要素相互之间存在着客观联系。市场经济体制是市场机制充分发挥作用的前提条件，只要各种市场要素是存在于市场经济体制之中，并且各市场要素都适应市场经济体制的要求，那么，要素之间就会发生相互影响的运动，从而使市场主体的市场活动得到调节。换而言之，市场机制如果要发挥作用，应当具备一定的条件，在具备了相应条件的基础上，市场机制或其中的某些具体机制必然会将作用发挥出来。在现代市场经济条件下，企业拥有广泛的自主权，包括自主经营、自负盈亏和自我发展等。企业能够根据市场价格和供求等信息来调整自己的生产经营活动，这就是市场机制在价格与价值、供给与需求的矛盾运动中充分发挥协调组织作用的表现。

（五）市场机制具有时滞性

市场机制对市场的影响虽然是快速有力的，但是同其他机制一样，市场机制也存在着时滞效应。首先必须承认，市场机制的反应十分敏捷，市场机制拥有十分庞大的市场主体数量，每一个市场主体都在时刻关注着市场信息，所以市场的每一个微妙变化都逃不过市场主体的捕捉，不同市场主体获得信息后的自我判断不同，采取的策略也不同。但当某一变量发生变化时，其他相关要素如果作出相应的变化，就必然需要有一定的过渡时间。从市场总体上看，体现为市场由平衡发展到不平衡，或者由不平衡转变到新的平衡点都需要有一个过程。这种时滞性有优点也有缺点，优点在于人们可以抓住空档及时地捕捉调控，进行相应的跟进动作，以减少不必要的经济损失或者将损失降到最低点。缺点在于转换过程中需要有一定的经济损失作为代价。

三、市场机制的内容

市场机制的主要内容为价格机制、竞争机制、风险机制和供求机制。

（一）价格机制

1. 什么是价格机制

价格机制是市场机制中的基本机制。所谓价格机制，是指在竞争过程中，与供求相互联系、相互制约的市场价格的形成和运行机制。价格机制包括价格形成机制和价格调节机制。价格机制是在市场竞争过程中,价格变动与供求变动之间相互制约的联系和作用。价格机制是市场机制中最敏锐、最有效的调节机制,价格的变动对整个社会经济活动有十分重要的影响。商品价格的变动,会引起商品供求关系变化,而供求关系的变化,又反过来引起价格的变动。

2. 市场价格

在市场经济运行中,价格具有极其重要的作用。首先,价格是重要的竞争手段。价格既是市场机制运作的开始,又是市场机制运作的结果。价格还能反映商品和要素稀缺性程度,刺激人们采取最低成本的生产方法,把所占有的资源进行最有效的利用。其次,价格还执行分配的职能,价格的分配职能是相对于生产要素的价格而言的。社会总产品的分配,取决于社会成员出售他们所拥有的生产要素时得到的报酬。价格的变动直接关系到市场经济各方的切身经济利益,市场各方的竞争目的聚焦在价格上,价格能决定和调节产业间、行业间和企业本身及内部的收入分配。

市场供求和市场价格之间相互联系、相互影响、相互制约的矛盾运动,不断为市场价格围绕价值上下波动提供动因,不断驱使供给和需求在动态中达到新的平衡。这是价值规律在市场经济中最明显、最重要的表现形式和实现形式。

3. 价格机制的作用

价格机制是市场机制对社会资源的基础性调节的主要手段。市场价格的变动反映了供求的变化及资源的稀缺性，影响着商品生产者的决策以及资源配置的规模和效率。各类商品的价格比例是由价格机制决定的，是社会资源和劳动在各个部门之间分配的选择条件。

价格机制是竞争的重要工具。商品生产者为达到保持和扩大其商品在市场上占有率的目的，通常采取降低商品市场价格的手段。如果使降低价格成为可能，商品生产者只有不断改进技术，改善管理，提高劳动生产率，优化生产要素配置，才能降低成本。这样做必然会带动整个社会资源和劳动的节约。由于价格的变化会影响消费者的需求，因此，价格机制还具有调节需求方向、需求规模和需求结构的功能。价格机制还是国家运用经济手段进行宏观调控的重要工具。

（二）供求机制

1. 什么是供求机制

供求机制是指商品的供求关系与价格、竞争等因素之间相互制约、相互联系而发挥作用的机制。供求机制的作用是调节市场供给与需求之间的矛盾，并使之向均衡发展的机制。供求关系受价格和竞争等因素的影响，而供求关系的变动，又能引起价格的变动和竞争的开展。供求机制是市场机制的主体，供求联结着生产、交换、分配、消费等环节，是生产者与消费者之间关系的反映与体现。供求运动是市场内部矛盾运动的核心，其他要素的变化都围绕供求运动而展开。

2. 供求机制的作用

供求机制是最不被人们重视的一种市场机制。实际上它是一个很重要的市场机制。供求机制与价格、竞争、利率等市场机制的发挥息息相关。另外，供求机制在商品市场、金融市场和劳动力市场上均发生作用。它对金融市场和劳动力市场产生的作用，同它在商品市场上产生的作用虽略有不同，但实质都是一样的，供求机制受客观条件的限制，一般表现为供过于求、供不应求和供求平衡三种状况。

整个市场的供求矛盾，是由许多商品的供求矛盾组成的，这些商品的产销特点各不相同，供求状况复杂多变，每种商品都各有其供求矛盾的具体表现。同时，各种商品供求矛盾的具体表现，都会随着时间的推移和客观条件的变化而变化，而且变化的方向和幅度千差万别。因此，整个市场所表现出来的供求矛盾就必然呈现出多种表现同时并存的复杂局面。这种复杂局面体现着整个社会的商品经济活动，包括国民经济各部门、各企业、各地区之间及社会生产各环节之间纵横交错的联系。在市场供求矛盾不断运动的过程中，供求平衡和不平衡之间，客观上共同构成一对矛盾统一体，是对立统一的辩证关系。通俗来讲，供求平衡是暂时的、相对的、有条件的，而不平衡则是普遍的、绝对的。

商品需求依靠商品供给来满足，商品供给依靠商品需求来实现。供给制约需求又适应需求，需求依赖供给又引起供给。二者对立统一的矛盾运动，产生一定的功能，推动着市场的运行和商品经济的发展。市场供给与需求彼此要求相适应或者说趋于平衡，是市场运动规律的客观要求，是商品供求机制作用的必然结果。在市场供求矛盾运动中，供求机制发挥作用，使市场供求不平衡局面逐渐趋向平衡。正如马克思所说："因为各式各样的不平衡具有互相对立的性质，并且因为这些不平衡会彼此接连不断地发生，所以它们会由它们的相反的方向，由它们互相之间的矛盾而互相平衡。"

（三）竞争机制

1. 什么是竞争机制

竞争机制是商品经济中最重要的经济机制，是一种优胜劣汰、适者生存的机制，它反映竞争与供求关系、价格变动、资金和劳动力流动等市场活动之间的有机联系。竞争机制为市场配置资源提供了高效率。公平是竞争的前提条件，只有在公平竞争的条件下，市场竞争才能产生高效率。竞争的同时必然存在着风险，只有承担风险的竞争才是真正的竞争。利益与风险相对称，风险是对于商品生产者而言，生产者一边受到获取利益和财产增加的诱惑，同时也承受着破产的压力。

2. 竞争机制的作用

市场经济之所以具有强大的生命力，之所以能不断地繁荣和发展，竞争机制在其中的作用功不可没。

首先，竞争机制使商品的个别价值转化为社会价值，商品的价值表现为价格，从而使价值规律的要求和作用得以贯彻和实现。竞争是商品经济的必然产物，是商品生产者之间为了争取各自的经济利益而进行的较量。竞争机制则是反映竞争同供求关系、价格变动、各生产要素流动等市场活动之间的有机联系。通过竞争机制的作用，商品会形成比较合理的价格，社会分工变得更加明晰，经济结构更为协调，经济关系更加合理。

其次，竞争机制可以促使生产者改进技术，改善经营管理，提高劳动生产率。市场主体的经济利益是通过竞争机制才得以充分实现，竞争机制是市场主体存在和发展的外部压力，与市场主体的经济利益紧密相关，是市场主体为自身获取经济利益的重要手段。竞争机制激励着市场主体不断地改进老旧技术，采用先进技术，改善经营管理，因而推动整个社会科学技术永无止境地发展，推动整个社会经济的蓬勃发展。

最后，竞争机制可以促使生产者根据市场需求组织和安排生产，使生产与需求相适应。

3. 竞争机制的前提条件

竞争机制充分发挥作用的关键，是满足竞争机制在运行过程中所需要的条件。一般说来，主要应满足下述条件：

第一，使企业真正成为商品生产者和经营者。商品的生产者和经营者应是独立的经济实体，而不是行政机关的附属物。只有在生产者和经营者有权根据市场状况去决定自己的生产方向的变动、生产规模的扩大和缩小、投资规模和方向的情况下，竞争才能展开。这是竞争机制得以展开的先决条件。要发挥竞争的作用，就必须给予企业生产方向和生产规模的决策权、经营方式决策权、投资决策权。

第二，承认并使企业在竞争中获得相应的经济利益。只有承认经济利益，才能使竞争者具有主动性和积极性，具有竞争的内在动力。企业积极投身于市场的竞争之中，目的在于争取企业本身的经济利益，如果企业不能在竞争中获得相应的经济利益，那就必然失去竞争的主动性和积极性。因此，为了发挥竞争这个市场机制的作用，必须保护并承认企业在竞争中所获得的经济利益。

第三，要为竞争创造所需环境。为竞争创造良好的环境和条件的关键，在于要建立一个结构配套、功能齐全的现代市场体系。这样的环境才可以为竞争创造各种优势，商品和资金流通不会受阻，竞争可以正常展开。随着社会主义市场经济的建立和发展，竞争机制所体现出来的作用日益显著。完善竞争机制，实行优胜劣汰，对于推动中国深入改革作用重大。

（四）风险机制

1. 什么是风险机制

风险机制是指风险与竞争及供求共同作用的原理，在利益的诱惑下，风险作为一种外在压力同时作用于市场主体，与竞争机制同时调节市场的供求。风险机制是市场机制的基础机制。在市场经营中，任何企业在从事生产经营中都会面临着盈利、亏损和破产的风险。风险机制是市场运行的约束机制。在商品经济条件下，任何一个经济主体都面临着盈利、亏损、破产的可能性，都必须承担相应的利益风险。它以竞争可能带来的亏损甚至破产的巨大压力，鞭策市场主体努力改善经营管理，增强市场竞争实力，提高自身对经营风险的适应能力和调节能力。风险与竞争密不可分，没有竞争就不会有风险，没有风险也不需要竞争。竞争存在风险，风险昭示竞争，两者密不可分，以至于有时人们把它们合在一起，统称为风险竞争机制。

2. 完善风险机制

中国目前的市场活动中风险机制存在的比例很小，这也导致市场经济难以充分利用市场机制的作用。因此，完善风险机制成为目前完善市场机制的一个重要任务。完善风险机制主要做好以下两方面的工作：

首先，要完善企业自负盈亏制度。自负盈亏意味着企业对自己的经营状况承担全部经济责任和风险。因此，自负盈亏也是风险机制发生作用的重要条件。但目前中国的自负盈亏制度很不完善，问题的关键是企业只负盈不负亏，从而使风险机制无法充分发挥作用。

其次，实行企业破产制度。破产是风险机制的最高层次的作用形式，也是风险机制运行的最关键条件。在商品经济中，经营是风险性竞争行为。企业运营不力会导致破产，这种风险时时处处对企业施加作用。社会主义条件下风险机制发挥作用不力的重要原因，是因为没有实行企业破产制度。

四、市场机制的功能

市场机制的功能，是指市场内在的各种机制所具有的调节、引导经济活动的运行，以实现经济运行目标的整体功能。市场机制的功能主要包括组织协调功能、信息传导功能、激励功能、调节功能、平衡功能和开拓创新功能等。

（一）组织协调功能

市场机制具有组织协调的功能。市场内部的各种要素和商品交换关系的协调不是通过外部，而是自发地组合起来，自行运转、自动解决的。市场主体是以社会分工和商品交换为基础的，追求利益最大化是生产经营者的根本目标和改革的内在动力。而外部的激烈竞争产生优胜劣汰则是生产经营者的外在压力。每一个独立的市场主体在生产消费上都拥有一种经济政策，这些分散的经济决策，通过价格机制和竞争机制的作用相互联系，融为一体，并形成了复杂的商品交换关系。通过这种复杂的商品市场交换，人们的个体劳动转化为社会劳动，多种多样的经济行为统一于生产与消费的关系之中，两者协调统一，形成社会交换关系。这种交换关系涉及到社会生产与消费的方方面面，使生产者能够直接面对消费者的选择，又以自身的经济行为引导消费，从而把企业推向市场主体的地位。

（二）信息传导功能

市场经济是一种信息经济，传递信息是市场最基本和最主要的功能。它是指由于商品价值、供求的变化，引起商品价格的涨落，同时为生产者和消费者提供有关商品稀缺状况的足够信息的功能。市场机制使市场信息在市场主体之间得以迅速地传递和及时地反馈，同时在价值创造和利润实现上起着越来越大的作用。

市场是经济关系的总和，市场的供求变化、价格涨落、竞争强弱均作为经济信息表现出来。这些信息一方面成为国家宏观调控和企业决策的依据，即这些信息为国家和企业的决策提供经济参数，为国家和企业检测决策效果充当测试器；另一方面，市场信息还起到联系宏观经济与微观经济的作用，宏观调控政策借助市场信号生效，企业的要求通过经济信息得到反映。

在市场经济中，信息的传输是在同级单位之间进行传递的，传输信息的信号正是价格。信息的分散化特性，可以保证每一个经济主体直接获取自己需要的信息；由于传输的信息信号是价格，所以市场可以通过价格信息反映供求变化，自发引导生产和消费，对社会供求关系进行双向调节。在有效且公平竞争的市场体制下，价格的形成并不以个人或集团的意志为转移，而是市场交换的各个参与者们的共同活动的结果。此时的价格能够比较客观准确地反映市场的真实状况，从而可以保证经济单位获取信息的客观性和准确性。保持灵敏、畅通的信息传导体系是市场机制有效运转的关键。在社会主义计划体制下，信息传输是上下级之间的等级传输，传输的信息、信号是以实物为单位的数据和行政指令。由于传输信息的渠道既长又掺杂着一定的人为因素，因而信息传递的过程要花费很长的时间，准确性和客观性也难以保证，甚至发生信息的扭曲和失真。

（三）激励功能

市场机制具有激励功能，能够提供有效的激励，促使市场主体采取合理的决策行为。激励功能是如何发挥作用的呢？市场主要是运用两对矛盾来制造竞争，一是个别劳动时间与社会必要劳动时间之间的矛盾，二是价格与价值之间的矛盾。这种市场竞争态势是企业生产的外部压力，处于社会生产平均数以下的生产者收到激励或者刺激改进技术、改善经营、降低消耗、提高效率，争取达到或超过社会生产平均数，从而带动全社会经济效益的增长。市场经济的主体即企业始终保持一颗追逐利益的心，他们所追求的唯一目标便是实现自身利润的最大化，而要实现利润最大化的问题首先要解决产品的销售问题，这就必然会促使企业合理决定自己的投资方向。产品销售问题得以解决，企业要想盈利更多，就必须降低生产商品的个别劳动时间，这将促使企业革新技术、降低成本、提高劳动生产率。

（四）调节功能

市场机制具有调节功能。调节功能对市场经济作用的发挥，是通过调节市场供求变化与价格波动来实现的。市场的供给与需求处于不断的变化状态，市场供求关系的变化也导致价格围绕供求上下波动。市场机制的调节功能，是一种刚性的结构调整，能迅速作用于商品生产者，影响其在技术与成本投入上的侧重程度，同时政府辅以相应灵活的财政、货币政策，社会资源形成流动。市场机制对于市场经济结构的调整主要是通过调整产品结构、企业结构、产业结构等经济结构来实现的。

市场对企业结构的调整还具有优化的作用。这是因为，企业为了自身的生存和发展，为了追逐利润最大化，必然在市场上展开激烈的竞争，结果效率低、活力差的企业被淘汰，效率高、活力强的企业持续发展，优胜劣汰虽然残酷，但却使企业的效率结构得到优化，并发展到一个新的高度。在这个基础上企业进一步展开的竞争，也是一种更高层次的竞争，这将进一步实现企业效率结构的优化。

（五）平衡功能

市场机制具有平衡和协调各种经济关系和结构的功能。

首先，市场能够平衡和调节企业内部和外部的利益分配问题。在企业内部，市场使劳动者的劳动得到回报，将企业的经济效益同劳动者的经济利益挂钩，可以有效激励劳动者提升劳动积极性，因为企业的效益提高也就代表劳动者自身收益的提高，这就成功地将劳动者获取利益的欲望转化为实际生产过程中劳动质量的提高和产品数量的增加，企业经济效益的提高进一步推动企业的发展进步。在企业外部，市场将生产者、经营者、消费者三者的利益协调统一，同时为国家、集体、个人利益的合理分配和共同增长，提供了客观基础。

其次，市场能够协调产品的供给结构和需求结构的平衡。第一，从结构本身入手。供给结构是可以调整的，如果使之与需求结构相一致，可以通过扩张或缩减生产规模进行调整。在商品生产条件下，生产者生产的产品是为他人提供的，因此，生产者生产什么和生产多少，都取决于市场需求和市场价格。"人们的货币选票影响物品的价格，这些价格成为决定各种物品的生产数量的指南。"第二，从消费端入手。消费者的消费欲望是可以抑制和刺激的，抑制和鼓励消费是调节需求结构与供给结构平衡的手段。例如，当某种商品因需求增加而导致价格上涨时，如果生产企业受到资源的约束而不能通过扩张生产实现供求平衡，那么，高价格就会抑制消费者对该产品的消费，也就是说消费者对该产品的需求降低，需求降低恰恰可以实现与供给降低的平衡，反之亦然。

最后，市场能够平衡和优化产业结构。产业结构的平衡是指社会劳动按比例分配于社会各个产业部门。市场机制为什么能促进产业结构的平衡呢？首先应明确一点，资源是可以流动的。当某个产业部门利润较高时，那么资源将在高利润的引导下从利润率低的部门向利润率高的部门转移，而且这种资源的转移流动不仅仅局限于部门之间，它同样在产业之间流动。正是资源在各个产业之间的不断转移，使得资源在各个产业之间的合理分配得以实现。产业结构的优化，是指产业结构从较低的技术层次跃进到较高的技术层次，也叫产业结构的高级化。市场机制之所以能促进产业结构的优化，主要在于人们需求结构的升级与产业技术的革新。

（六）开拓创新功能

市场机制的开拓创新功能具体表现为提高经济效率和推动技术进步。市场机制实际上要做的就是驱动市场主体为实现自身利益最大化而进行相互竞争。商品生产经营者迫于竞争的压力，为了增加其商品的市场占有率和获得高额利润，不断开拓新市场，开发新产品，规范生产经营管理。随着近些年科技的突飞猛进，技术含量高的商品获取了高额的优先利润，在优先利润的诱惑和刺激下，商品生产者被激发出了进行技术创新的强烈欲望。那么，市场机制对技术进步的促进作用具体是通过哪些途径实现的呢？

第一，利润最大化刺激企业进行技术革新。我们之前已经提到过，在市场经济体制下，企业追求的唯一目标就是实现利润的最大化，而实现利润最大化的最有效手段就是改进技术、提高劳动生产率和降低生产商品的个别劳动时间。

第二，市场竞争压力迫使企业进行技术革新。市场竞争机制是市场机制的重要组成部分，市场竞争主要包括价格竞争和非价格竞争，这两种竞争形式都推动着技术进步。企业要使自身商品的价格同其他商品相比具有竞争力，就必须降低生产成本，而生产成本的降低是通过对旧的更新、改造和新工艺、新技术、新设备的采用来实现的。除了在价格上形成竞争优势，企业还要开发新产品，增加原有产品的品种花色，提高产品质量，这些更要依赖技术进步。

第三，技术的商品化推动技术革新。技术的商品化，顾名思义，是指在技术市场上，技术可以同商品一样进行买卖。由于市场机制具有信息传递的功能，所以生产者参考市场传递过来的有关消费者需要的信息，使生产符合市场需要，促使企业采用新技术，开发新产品，并优化产业结构，引导资源从生产效率低的企业流向生产效率高的企业等，这就可以大大提高整个社会的生产效率，使社会以最小的投入带来最大的产出。

第二章　社会主义市场经济体制的内涵

　　社会主义市场经济体制是社会主义基本制度与市场经济的结合，它体现了社会主义的制度特征。社会主义市场经济是社会主义制度与市场经济体制相结合，与资本主义市场经济既有联系又有区别。中共十一届三中全会后，在邓小平建设有中国特色社会主义理论的指导下，经过十多年的改革，中国的经济体制发生了巨大的变化。1993年11月召开中共十四届三中全会，通过了《关于建立社会主义市场经济体制若干问题的决定》，对构建中国社会主义市场经济体制的基本蓝图作出全面规划。

第一节　社会主义市场经济体制的含义

一、市场经济体制

（一）什么是市场经济体制

市场经济体制是指以市场机制作为社会资源配置基本手段

的一种经济体制。这里谈到的市场经济体制主要是指现代市场经济体制。它既与社会化大生产紧密联系同时又是高度发达的大商品经济，经济资源商品化、经济关系货币化、市场价格自由化和经济系统开放化是其最基本的特征。市场经济体制下的政府只能作为经济运行的调节者，对经济运行所起的作用只是宏观调控。

市场经济体制建立在高度发达的商品经济基础上。在市场经济体制下，资源分配受消费者主权的约束，生产什么取决于市场需求，生产多少取决于消费者的支付能力的需求水平；经济决策是分散的，作为决策主体的生产者和消费者在经济和法律上的地位是平等的，不存在人身依附和强制性的超越经济的关系；信息是在买者和卖者之间的横向渠道传递的。对物质利益的追求成为了经济发展的原动力，分散的决策主体在谋求各自利益最大化的过程中展开竞争，决策的协调主要是在事后通过市场来进行。整个资源配置过程是以市场机制为基础的。

市场经济体制，是市场运行的具体制度安排或运行方式。而市场经济是指市场对资源配置起基础性调节作用的经济。市场经济也可以说是以市场机制的作用为基础配置经济资源的方式。市场经济和计划经济相对，市场经济体制和计划经济体制相对。通常市场经济也叫市场经济体制。

（二）市场经济体制的特征

市场经济体制的一般特征主要有：

1.一切经济活动都直接或间接地处于市场关系之中，市场机制是推动生产要素流动和促进资源配置优化的基本运行机制。

2.所有企业都具有进行商品生产经营所应具有的全部权力，自觉地面向市场。

3.政府部门不直接干预企业生产和经营的具体事务，而是通过各项经济政策、法规等调节和规范企业的经营活动。

4.所有生产、经营活动都按照完整的法律法规体系来进行，整个经济运行建立在比较健全的法制基础上。

二、社会主义市场经济体制

（一）什么是社会主义市场经济体制

社会主义市场经济体制是在社会主义公有制基础上，在国家宏观调控下使市场机制在社会资源配置中发挥基础性作用的经济体制。具体地说是使经济活动遵循价值规律要求，适应供求关系的变化。通过价格杠杆和竞争机制的功能，把资源配置到效益较好的环节中去,并给企业以压力和动力,实现优胜劣汰。运用市场对各种经济信号比较灵敏的优点,促进生产和需求的及时协调。针对市场自身的弱点和消极方面,国家对市场进行有效的宏观调控。

(二)社会主义市场经济体制的提出

传统西方经济学理论认为,商品交换和市场经济都是建立在私有制基础之上的,社会主义国家只要坚持搞公有制,就不能搞市场经济。改革开放以后,中国逐步提出和发展了社会主义市场经济的理论。1982年,中共十二大正式提出计划经济为主、市场经济为辅的观点。1984年,中共十二届三中全会正式提出社会主义经济是公有制基础上的有计划的商品经济的观点。1987年,中共十三大正式提出社会主义有计划商品经济的体制应该是计划与市场内在统一的体制的观点。特别是邓小平从1979年提出"社会主义也可以搞市场经济",到1992年提出"计划多一点还是市场多一点,不是社会主义与资本主义的本质区别。计划经济不等于社会主义,资本主义也有计划;市场经济不等于资本主义,社会主义也有市场"等重要论断,从根本上破除了市场经济姓"资"、计划经济姓"社"的传统观念,为社会主义市场经济理论的提出和社会主义市场经济体制的建立指明了方向。在上述基础上，1992年6月9日江泽民在中央党校所作的讲话中，首次肯定了"社会主义市场经济体制"的提法。1992年10月12日江泽民在中共十四大报告中正式提出："我国经济体制改革的目标是建立社会主义市场经济体制。"

（三）社会主义市场经济体制初步建立的标志

第一，政府职能发生巨大转变，市场化的水平得到很大提高。国家对社会生产等方面的行政性、指令性计划彻底取消，并缩减了大量的行政审批数量，产品价格基本全面放开，包括要素市场在内的现代市场体系已初步成型。政府职能正在由过去的高度集中、统分统管向公共服务和宏观调控的轨道上转变，为发挥市场在资源配置中的基础性作用创造了良好的前提和条件，完善有效的宏观调控体系也正在形成。中国在从计划经济向市场经济转变的过程中，建立宏观调控很大程度上要以总量调控为主，不能再以管理微观经济为主。目前国家施行宏观调控基本上由过去的指令计划转为指导计划，对总量进行调控，而且以经济手段为主，利用利率、税收、货币等经济手段进行调控。

第二，所有制结构发生巨大调整，国有企业改革取得重大进展。目前以公有制为主体、多种所有制经济共同发展的格局已基本形成。非公有经济从无到有，已经形成与国有、集体经济三分天下有其一的格局。与此同时，国有企业改革也有很大进展。企业的产权制度、治理结构都有很大变化。

第三，分配制度发生巨大改变，社会保障得到加强。社会主义市场经济是公平分配、并以共同富裕为发展目的的经济，社会主义市场经济发展应坚持共同富裕的基本原则，不搞贫富悬殊、两极分化的经济。但是，仅就市场机制本身而言，由于其对资源的配置只青睐于那些经营水平高、经济效益好的强势部门和企业，市场竞争也必然要优胜劣汰，因此并不能保证公平分配和共同富裕，相反会形成垄断，甚至导致两极分化。在市场经济条件下必须要制定合理的分配制度，同时加强社会保障，既要有利于提高市场效率、优化资源配置，又要防止产生两极分化，影响社会稳定。

第四，法制体系不断完善，市场秩序日趋规范。社会主义市场经济是法制经济、信用经济、道德经济，不是自由放任、竞争无序的经济。随着社会主义市场经济体制的不断建立和完善，中国立法和司法工作也在不断加强。到目前为止，有关规范市场经济各种行为的法规条例已陆续制定和颁布，其中包括公司法、证券法、物权法、反不正当竞争法。不管是从理论的角度还是法律的角度，都是中国立法史上的重大突破，也是社会主义市场经济法律体系日臻完善的重要标志。

第二节 社会主义市场经济体制的特征

社会主义市场经济具有的特性，是指作为社会主义基本制度具有的规定性，也就是社会主义市场经济体制同社会主义基本制度的结合而形成的制度性特征。这是社会主义市场经济体制特有的，也是社会主义市场经济体制区别于资本主义市场经济体制的根本特征。主要表现在所有制结构、分配制度和宏观调控上。

一、所有制结构

在所有制结构上，坚持和完善公有制为主体、多种所有制经济共同发展的基本经济制度，更好发挥市场在资源配置中的基础性作用。改革开放以来，中国的所有制结构发生了巨大的变化。中国是社会主义国家，必须将公有制作为社会主义经济制度的基础来坚持。中国处在社会主义初级阶段，一切符合

"三个有利于"标准的所有制形式都可以用来为社会主义服务。

社会主义市场经济体制中，公有制占据所有制结构的主体地位，主要原因在于社会总资产中公有资产占优势，国有经济控制国民经济命脉，对经济发展起主导作用。《中共中央关于国有企业改革和发展若干重大问题的决定》指出，国有企业是中国国民经济的支柱。发展社会主义社会的生产力，实现国家的工业化和现代化，始终要依靠和发挥国有企业的重要作用。在经济全球化和科技进步加快的形势下，国有企业面临着日趋激烈的市场竞争。

邓小平说过，发展才是硬道理。必须敏锐地把握国内外经济发展趋势，切实转变经济增长方式，拓展发展空间，尽快形成国有企业的新优势。发展社会主义社会的生产力，实现国家的工业化和现代化，始终要依靠和发挥国有企业的重要作用。在市场经济中公有制企业与其他企业要在公有制为主体的前提下，平等竞争，共同发展，国有经济在国民经济中发挥主导作用。

中共十七大明确提出："完善基本经济制度，健全现代市场体系。坚持和完善公有制为主体、多种所有制经济共同发展的基本经济制度,毫不动摇地巩固和发展公有制经济,毫不动摇地鼓励、支持、引导非公有制经济发展,坚持平等保护物权,形成各种所有制经济平等竞争、相互促进新格局。""形成统一开放竞争有序的现代市场体系,发展各类生产要素市场",从而更好地发挥市场在资源配置中的基础性作用。

新世纪新阶段,加快形成现代市场体系,有两个重点:一是发展各类生产要素市场;二是完善反映市场供求关系、资源稀缺程度、环境损害成本的生产要素和资源价格形成机制。

第一,发展各类生产要素市场。一是要发展多层次资本市场,完善市场结构和运行机制,提高直接融资比重。稳步发展金融衍生产品市场,培育外汇市场,积极发展保险市场等。资本等各类金融市场的健康发展,对于提高中国资源配置效率,具有决定性意义。二是要建立和健全统一规范的劳动力市场。中国的劳动力资源十分丰富,基于这一优势,为了提高中国的社会劳动生产率,要形成城乡劳动者平等就业制度,使农村剩余劳动力平稳有序地向城市和向二、三产业转移。三是要规范发展土地市场。中国人均耕地只及世界平均水平的百分之四十,在发展工业化和城镇化的过程中,要严格限制农用地向非农用地的转化,提高土地的利用效率。要发展土地市场,更多地用市场手段节约土地，杜绝浪费宝贵的土地资源。今后，需更好地规范和发展土地市场，提高土地资源配置效率。此外，还要进一步发展技术、咨询等要素市场。

第二，要深化价格改革，重点放在生产要素和资源产品价格改革上。中国长期以来实行粗放型的经济增长方式，高投入、高消耗、高污染、低效率的缺点十分明显，并且难以在短时间内从根本转变，一个重要原因在于中国生产要素和资源产品价格受政府管制明显偏低，资金价格低、水价低、地价低、矿产品价格低、汽油和天然气价格低，资源的稀缺程度无法透过价格来反映。要建设资源节约型、环境友好型社会，形成节能、节地、节水、节材的生产方式和消费模式，使它们的价格能很好地反映出市场供求关系和资源稀缺程度，必须深化生产要素和资源产品价格改革。有很多资源产品的开采和使用，往往是以损害环境和破坏生态为代价，所以它们的价格还要综合反映出环境损害和生态破坏成本。国内外经验表明，在市场经济条件下，价格是最灵敏的手段，运用价格杠杆，能最有效地让生产企业和消费者认识资源的重要性，从而达到节约使用生产要素和资源的目的，并促进发展循环经济。

加快形成现代市场体系，发展商品市场是必不可少的一环。要致力于打造农村现代流通体系，扶持龙头企业、农民专业合作组织和农户联结，有效组织农民进入市场，提高农民的增收能力。要发展现代化流通方式和新型流通产业形态，培育各类市场流通主体，降低流通成本和交易费用，促进转变营销方式，提高国际竞争力。在整顿和规范市场秩序方面，要将维护食品、药品安全放在重要位置，打击各种商业欺诈活动和哄抬物价的行为。要建立健全社会信用体系，加快企业和个人诚信系统的建设步伐，建立有效的信用激励制度和惩戒制度，强化全社会的诚信意识和行为，打造诚实守信、公平竞争的市场环境。

二、分配制度

在分配制度上，坚持和完善以按劳分配为主体、多种分配方式并存的分配制度，其他分配方式作为补充，效率优先，兼顾公平。社会主义收入分配制度是逐步建立起来的，它伴随着中国所有制的不断深化和社会主义市场经济体制的不断完善，所以进一步深化收入分配制度改革十分必要。中共十七大报告指出："深化收入分配制度改革，增加城乡居民收入。合理的收入分配制度是社会公平的重要体现。要坚持和完善按劳分配为主体、多种分配方式并存的分配制度,健全劳动、资本、技术、管理等生产要素按贡献参与分配的制度,初次分配和再分配都要处理好效率和公平的关系,再分配更加注重公平。"

社会主义实行按劳分配的分配原则,这是由社会主义初级阶段的生产力发展水平所决定的。个人收入分配制度,必须坚持按劳分配的主体地位。在社会主义初级阶段,多种分配方式并存是收入分配制度的一大特点。这样的分配制度所贯彻的基本原则是:效率优先,兼顾公平;既要合理拉开收入差距,又要防止产生两极分化;允许一部分人先富起来,最终实现共同富裕。在社会主义初级阶段,实行按劳分配和按生产要素分配相结合的分配制度有利于优化资源配置,促进经济发展,有利于最广泛最充分地调动一切积极因素的参与。运用包括市场在内的各种调节手段,既鼓励先进,促进效率,合理拉开收入差距,又防止两极分化,逐步实现共同富裕。

社会主义初级阶段,允许人们的收入存在差异,有其客观必要性。首先,是因为劳动者的个人禀赋和家庭负担不同。其次,多种所有制经济和多种分配方式的实行,使得不同社会成员所拥有的生产要素产生质和量的差距,这也必然会导致收入差距和富裕程度的不同。再次，社会主义市场经济根据价值规律办事，同时在竞争下产生优胜劣汰，使具有不同竞争能力的人在富裕程度上出现不同。最后，城乡之间、地区之间、脑力劳动和体力劳动之间以及不同经济领域和部门之间客观上存在的差别，也必然引起收入的差别和富裕程度的不同。

三、宏观调控

在宏观调控上，以实现最广大人民的利益为出发点和归宿，社会主义国家能够把人民的当前利益与长远利益、局部利益与整体利益结合起来，使市场对资源配置起基础性作用，更好地发挥计划与市场两种手段的长处。社会主义制度优越性的主要表现，就是能够做到全国一盘棋，集中力量办大事，中央与地方、全局与局部的关系能够得到更好的处理。

中共十七大报告明确指出要"形成有利于科学发展的宏观调控体系"，"要坚持把改善人民生活作为正确处理改革发展稳定关系的结合点，使改革始终得到人民拥护和支持"，形成有利于科学发展的宏观调控体系。国家计划是宏观调控的重要手段之一，必须更新计划观念，转变计划管理职能，改进计划方法。

在新时期，中国仍然要以科学发展观这一统领经济社会发展全局的重要思想为指导，形成有利于科学发展的宏观调控体系。科学宏观调控体系的形成一方面必须保证市场机制在资源配置中发挥基础性作用，另一方面又要控制自发的市场机制可能产生的消极作用。国家计划要以市场为基础，总体上应当是制定指导性的计划。计划工作的重点是合理确定国民经济和社会发展的战略目标，搞好经济发展预测、总量调控、重大结构与生产力布局规划，集中必要的财力、物力进行重点建设，综合运用经济杠杆，促进经济更好更快地发展。

第三节 社会主义市场经济体制的基本框架

1993年11月召开的中共十四届三中全会上，中共中央通过了《关于建立社会主义市场经济体制若干问题的决定》，对构建中国社会主义市场经济体制的基本蓝图作出全面规划，对中国社会主义市场经济体制的基本框架做了规定，其中包括所有制结构、现代市场体系、宏观调控体系、现代企业制度、分配制度和社会保障制度。

一、所有制结构

在所有制结构上，中国坚持以公有制为主体、多种所有制共同发展的方针。国有经济和集体经济的发展是主体，同时在依法管理的前提下，积极鼓励个体、私营和外资经济的发展。混合所有制的发展伴随着产权的流动和重组，这一过程中发展出众多的财产混合所有的经济单位，进而形成新的财产所有结构。就全国范围内而言，公有制在国民经济中占主体地位，但允许局部地方、个别产业有些许差别。公有制的主体地位主要体现在国有资产所占的比重上，国家和集体所有的资产在社会总资产中所占的比重大，国有经济控制国民经济命脉及其对经济发展起主导作用。公有制经济特别是国有经济离不开市场竞争，在市场竞争中公有制经济才能得到发展壮大。同时国家要创造平等的竞争条件，让各种所有制经济都能平等地参与进来，使各类企业得到公平对待。要理顺现有城镇集体企业的产权关系，针对不同情况区别对待，可改组为股份合作制企业或合伙企业，有条件的也可以组建为有限责任公司。少数规模大、效益好的，也可以组建为股份有限公司或企业集团。

二、现代市场体系

发挥市场机制在资源配置中的基础性作用，必须培育和发展现代市场体系。建立全国统一开放的市场体系，实现城乡市场紧密结合，国内市场与国际市场相互衔接，促进资源的优化配置。当前要着重发展生产要素市场，规范市场行为，打破地区、部门的分割和封锁，反对不正当竞争，创造平等竞争的环境，形成统一、开放、竞争、有序的大市场。推进价格改革，建立主要由市场形成价格的机制。改革现有商品流通体系，进一步发展商品市场。

当前培育市场体系的重点是发展劳动力市场、金融市场、技术市场、信息市场和房地产市场等。发展和完善以银行融资为主的金融市场。资本市场要主动平稳地发展债券、股票融资。建立发债机构和债券信用评级制度，促进债券市场健康发展。规范股票的发行和上市，并逐步扩大规模。改革劳动制度，逐步形成劳动力市场。

中国劳动力资源丰富是经济发展的优势，同时也带来了巨大的就业压力，要把发展劳动力市场的出发点放在开发利用和合理配置人力资源上。鼓励和引导农村剩余劳动力逐步向二、三产业转移，同时促进农村剩余劳动力在城市和部门间有序流动，更多地吸纳城镇劳动力就业。发展多种就业形式，运用经济手段调节就业结构。

规范和发展房地产市场。加强土地管理，切实保护耕地，严格控制农业用地转为非农业用地。加快城镇住房制度改革，控制住房地价，促进住房商品化的发展。进一步发展信息、技术市场。

改善和加强对市场的管理和监督。建立正常的市场进入、市场竞争和市场交易秩序。坚决依法惩处违法行为。提高市场交易的公开化程度，建立有权威的市场执法和监督机构，加强对市场的管理，发挥社会舆论对市场的监督作用。

三、宏观调控体系

建立健全宏观经济调控体系，主要在于转变政府职能。转变政府职能，改革政府机构，是建立社会主义市场经济体制的迫切要求。改革政府机构，转变政府管理经济的职能，建立以间接手段为主的完善的宏观调控体系，保证国民经济的健康运行。政府管理经济的职能，主要是制定和执行宏观调控政策，搞好基础设施建设，创造良好的经济发展环境。同时，要培育市场体系、监督市场运行和维护平等竞争，调节社会分配和组织社会保障，调控人口增长，保护自然资源和生态环境，管理国有资产和监督国有资产经营，实现国家的经济和社会发展目标。政府运用经济手段、法律手段和必要的行政手段管理国民经济，不直接干预企业的生产经营活动。

宏观调控体系是指国家依据客观经济规律的要求，为了实现一定的经济目标和战略任务，运用各种手段对国民经济的发展方向、规模、速度比例关系进行调节，以正确处理各方面的利益关系的总和。建立健全的宏观调控体系对于社会主义市场经济具有十分重要的意义。宏观调控的主要任务是：保持经济总量的基本平衡，促进经济结构的优化，引导国民经济持续健康发展，推动社会全面进步。

宏观调控主要采取经济办法，在财税、金融、投资和计划体制的改革方面迈出重大步伐，建立计划、金融、财政之间相互配合和制约的机制，加强对经济运行的综合协调。提出国民经济和社会发展的目标、任务以及需要配套实施的经济政策；财政运用预算和税收手段，重点对经济结构和社会分配进行调节；中央银行的首要目标是稳定币值，对货币供应总量进行调节，并保持国际收支平衡。宏观调控的主要目标是促使经济增长、增加就业、稳定物价、保持国际收支平衡。

宏观调控的原则是：第一，以间接管理为主要原则。即运用经济手段，通过市场机制引导企业，使企业的目标大体上符合宏观经济发展的目标。第二，计划指导原则。即国家以市场为基础，采取粗线条的、弹性的、指导性的计划原则。第三，集中性和重点性原则。对国民经济发展起重要作用的部门和关系国计民生的部门及产品、产业进行重点的集中的控制原则。

四、现代企业制度

建立现代企业制度主要在于转换国有企业经营机制。社会主义市场经济体制的基础是以公有制为主体的现代企业制度。国有大中型企业是国民经济的支柱，推行现代企业制度，对于提高经营管理水平和竞争能力、更好地发挥主导作用，具有重要意义。现代企业按照财产构成可以有多种组织形式。企业制度的形式主要有个人业主制企业、合伙企业和公司制企业。

公司制企业主要有两种类型，有限责任公司和股份有限公司。根据现代企业制度的要求，目前存在的全国性行业总公司要逐步向控股公司形式改组。发展一批跨地区、跨行业的大型企业集团，这些企业集团应以公有制为主体，以产权联结为主要纽带。发挥其在促进结构调整、提高规模效益、推进新技术和新产品的开发、增强国际竞争能力等方面的重要作用。一般小型国有企业，有的可以实行承包经营、租赁经营，有的可以改组为股份合作制，也可以出售给集体或个人。出售企业和股权的收入，由国家转投于急需发展的产业。

改革和完善企业领导体制和组织管理制度。实行公司制的企业，要按照有关法规建立内部组织机构。企业中的党组织要发挥政治核心作用，保证监督党和国家方针政策的贯彻执行。加强企业中的国有资产管理，对国有资产实行国家统一所有、政府分级监管、企业自主经营的体制。坚持以公有制为主体、多种经济成分共同发展的方针。在积极促进国有经济和集体经济发展的同时，鼓励个体、私营、外资经济发展，并依法加强管理。

建立现代企业制度具有重大意义。首先，建立现代企业制度是国有企业特别是国有大中型企业改革的方向。在现代企业中最具有典型性和代表性的是有限公司，它是现代企业制度的主要组织形式。其次，建立现代企业制度对于解放和发展生产力、搞好搞活大中型企业具有重大意义。它有利于实现政企职责分开，有利于规范企业经营者的行为，有利于国有资产的保值增值，有利于发挥国有经济的主导作用，有利于同国际惯例接轨。

五、分配制度

建立以按劳分配为主体、多种分配形式并存的制度。个人收入分配要坚持以按劳分配为主体、多种分配方式并存的制度，体现效率优先、兼顾公平的原则。劳动者的个人劳动报酬要引入竞争机制，打破平均主义，实行多劳多得，合理拉开差距。坚持鼓励一部分地区一部分人通过诚实劳动和合法经营先富起来的政策，提倡先富带动和帮助后富，逐步实现共同富裕。

国家依法保护法人和居民的全部合法收入和财产，对城乡居民的储蓄和投资进行鼓励，允许属于个人的资本等生产要素参与收益分配。逐步建立个人收入应税申报制度，依法强化征管个人所得税，适时开征遗产税和赠与税。要通过分配政策和税收调节，避免由于少数人收入畸高形成两极分化。对侵吞公有财产和采取偷税抗税、行贿受贿、贪赃枉法等非法手段牟取收入的，要依法惩处。

六、社会保障制度

社会保障体系包括社会保险、社会救济、社会福利、优抚安置和社会互助、个人储蓄积累保障。建立多层次的社会保障体系，对于深化企业和事业单位改革，保持社会稳定，顺利建立社会主义市场经济体制具有重大意义。社会保障水平要与中国社会生产力发展水平以及各方面的承受能力相适应。城乡居民的社会保障办法应有区别。提倡社会互助。发展商业性保险业，作为社会保险的补充。社会保障是以实现社会稳定为直接目标，以保障社会成员的基本生活需要、促进经济和社会协调发展为根本目的的社会安全制度。其实质是国家或社会根据一定的法律、政策、规章，通过国民收入的再分配，提供必要的救济和补助，以保证社会成员的基本生活权利。

社会保障体系主要有社会保险、社会救助、社会福利和社会优抚。社会保障制度的意义主要体现在：首先，社会保障制度的建立，增进了人的平等。其次，社会保障制度的建立，维护了社会公正。第三，社会保障制度的建立，保持了社会稳定。第四，社会保障制度的建立，推动了社会发展。

以上六个主要环节共同构成了社会主义市场经济体制的基

本框架，它们之间是既相互联系又互相制约的有机整体。发展社会主义市场经济必须围绕这些主要环节，采取切实措施，积极而有步骤地全面推进改革，促进社会生产力的发展。

第三章　社会主义市场经济体制的建立与完善

中共十七大报告指出:"改革开放以来我们取得一切成绩和进步的根本原因,归结起来就是:开辟了中国特色社会主义道路,形成了中国特色社会主义理论体系。高举中国特色社会主义伟大旗帜,最根本的就是要坚持这条道路和这个理论体系。"确立社会主义市场经济理论,是改革开放三十多年来中国经济理论研究取得的最重要成果。回顾和总结社会主义市场经济理论的探索和确立过程,对于深化相关理论问题的认识,在新的历史起点上继续解放思想,进一步发展社会主义经济理论,具有重要意义。

第一节　改革开放前的计划经济体制

中国社会主义市场经济的建立和完善是一个复杂的系统工

程，这就需要对计划经济体制的历史发展历程进行一次探究，从中总结经验教训，为社会主义市场经济的发展提供借鉴，为今后的中国经济乃至世界经济的发展提供一个模式。

一、什么是计划经济

计划经济，或计划经济体制，是以计划作为资源配置主要方式的经济体制，其资源配置、生产和产品消费等各方面都是通过中央政府的统一计划进行，企业或生产单位完全是计划的执行者，对资源配置没有什么影响。由于几乎所有计划经济体制都依赖政府的指令性计划，因此计划经济也被称为"指令性经济"。

二、计划经济的特征

第一，公有制经济在所有制结构中占据主导地位。在社会主义国家，公有制一直被认为是社会主义经济的主要财产形态。各个社会主义国家建立计划经济体制的过程，本质上就是生产资料公有化和国有化的过程。

第二，国家对经济活动采取直接指令性行政管理。中央计划经济体制的一个主要标志是国家或中央政府成为经济运行中的核心主体，企业由于只执行既定的生产计划而成为政府的附属物。

第三，经济决策权高度集中。国家不仅要负责宏观方面的资源配置，甚至对微观的企业和个人的收入和支出都做出计划，以实现资源在微观主体间的配置，导致在国家和政府之外并不存在实际的微观经济主体。

第四，社会资源的计划配置。计划配置资源的一个核心机制在于行政命令手段替代价格机制。

三、中国计划经济的形成

（一）直接来源

苏联高度集中的经济模式被全世界社会主义国家所效仿，公认为是社会主义建设的成功模式，甚至被抬捧为社会主义唯一的经济发展模式。新中国作为一个新生的政权，建设经验不足，在很多方面都要向苏联学习。苏联模式主要是通过高速工业化、农业全盘集体化建立起来的。这是一种公有制占绝对统治地位、社会生产资料所有权和经营权都高度集中于政府的、完全排斥市场化的经济。当时因为有第二次世界大战的背景，苏联选择的经济体制优先发展重工业和军事工业。国家通过各种强制性的行政指令和国家决议，制订了全盘计划用来指导经济工作。这一经济体制使苏联在20世纪30年代高速地发展，在短时期内实现了社会主义工业化和农业集体化，为苏联取得第二次世界大战的胜利奠定了基础，与资本主义世界的萧条形成了鲜明对比。这些短暂的成就无一不对中国产生了强烈的吸引力，从而使得中国乃至全世界的社会主义国家都全盘照搬苏联高度集中的计划经济体制。

（二）理论来源

社会主义作为一种新生的社会制度，是社会主义国家向共产主义发展的中间阶段，其经济体制的理论基础还很薄弱，理论建设还不成熟。马克思、恩格斯对未来社会的经济制度只是一种理论上的设想，并未就相应的制度建设进行安排。马克思设想的社会主义是以公有制为经济基础的社会，社会生产方式是将生产资料在不同生产部门之间进行有计划的分配。恩格斯说："一旦社会占有了生产资料，商品经济将被消除，而产品对生产者的统治将随之消除，社会生产内部的无政府状态将为有计划的党的组织所代替。"马克思、恩格斯所设想的计划经济体制与苏联实行的计划经济是不同的，他们所设想的计划经济是基于西方国家的国情提出的，是建立在生产力高度发展的基础之上的。中国共产党将马克思主义作为指导思想，以社会主义和共产主义作为奋斗目标，因此，从理论角度和指导思想上讲，计划经济体制与社会主义、共产主义的联系最直接，是中国共产党的当然选择。马克思、恩格斯的经济设想是计划经济体制形成的理论源泉。

（三）外部环境

新中国刚刚成立，国际形势不乐观，世界老牌资本主义国家对中国虎视眈眈，充满敌意。中国当时经济基础十分薄弱，内战过后工业凋敝，百废待兴，需要以最快的速度恢复和发展生产。而以美国为首的资本主义阵营，对新中国实行经济封锁、政治孤立、军事包围等政策，使中国缺乏来自发达国家的资金支援和技术支持。新中国唯一能够依靠的只能是近邻苏联，中国实施"一边倒"的外交政策，向苏联靠拢。中国经济由于接受苏联援助，也打上了浓重的苏联色彩，中国也不得不全盘接受计划经济体制。同时综合考虑中国当时的基本国情，计划经济体制正好适应了中国共产党的需要。

综上所述，中国共产党结合国际政治和国内社会原因等的考虑，计划经济体制是中国的唯一的选择。1957年"一五"计划的完成，标志着中国计划经济体制的正式建立。

四、对计划经济的评价

（一）计划经济的优点

第一，能够在全社会范围内集中必要的人力、物力、财力进行重点建设，集中有限的资金发展重点产业；第二，对经济进行预测和规划，制定国民经济发展战略，在宏观上优化资源配置，对国民经济重大结构进行调整和生产力合理布局，避免经济发展中的剧烈波动所导致的资源浪费，提高宏观经济效益；第三，能够合理调节收入分配，兼顾效率与公平，保证经济和社会协调发展；第四，指令性计划因集权体制领导而容易贯彻执行，保证按预期计划目标实现国民经济发展的总体战略，建立比较合理的国民经济体系；第五，能保证国计民生必需品的生产和供应，有利于解决人民最紧迫的生活需要，实现收入均等化，稳定经济，从而稳定社会，有利于推动经济持续增长。

（二）计划经济的弊端

高度集中的计划经济体制，存在它的缺陷和历史局限性。中国随着"一五"计划制定之后社会主义工业化初期任务的完成，国民经济的规模不断扩大，经济关系日益复杂，计划经济的弊端逐渐暴露。

第一，计划经济忽视市场规律，经管形式单一。计划经济形式忽视商品生产、价值规律和市场机制的作用，政府主要依靠自上而下的行政指令性计划，借助于行政手段来组织和管理经济，容易造成经济计划与经济运行实际的脱离。经管方式单一化，使经济生活单调和呆板。

第二，不能满足社会成员的多样化需求。人区别于动物的一个非常显著的区别即是高度的社会化。需求个性化、多样化是人的内在要求，而且人的需求又经常处于变化之中。计划经济要求社会成员的需求一致化、一成不变，对于多样性的、不断变化的需求无法满足。

第三，平均主义严重，压制了人的能动作用。计划经济在社会资源的分配中平均主义严重。国家对企业实行统一收支，企业不承担经营亏损的责任，企业职工的收入不能与企业的经济效益挂钩，这种平均主义严重压制了企业和广大职工的生产积极性、主动性和创造性，也使国家背上了沉重的包袱。计划经济在理论上彻底否定了竞争的积极意义。这种高度集中的僵化发展模式不利于充分调动广大人民群众的劳动积极性、主动性和创造性，不利于正确调节社会主义经济中的各种利益矛盾，不利于各种生产要素的合理配置和有效运用，不利于适应错综复杂的社会需要，因而使本来应该生机盎然的社会主义经济在很大程度上失去了活力。

第二节 社会主义市场经济体制的确立与发展

一、毛泽东对计划经济体制的反思

随着新中国国力的逐渐恢复和社会主义现代化建设的逐步展开，社会生产力水平不断提高，使得苏联经济模式不断暴露出各种各样的问题。在错综复杂的国内外环境下，以毛泽东为代表的中国共产党人开始了变革的探索，试图寻求一条适合中国国情的社会主义现代化建设道路，这场以变革"苏联模式"为基础的改革实际上标志着新中国历史上第一次改革的兴起。

苏联在第二次世界大战上展现出来的国家发展的实力与体制模式，令诸多社会主义国家信服，"苏联模式"被当成社会主义唯一标准的发展模式。各个社会主义国家无论是自觉地还是被迫地、长期地还是短期地，都照抄照搬了这种体制模式。

但是随着各国社会主义建设的发展，这种模式的内在弊端日益暴露出来，并逐渐产生了许多消极的后果。各社会主义国家都试图摆脱教条主义的统治和束缚，开始探索适合本国国情的社会主义建设道路。社会主义改革不可避免地成为时代进步的要求和各国人民的普遍呼声。事实证明，中国实施传统的计划经济体制，并没有完全按照客观经济规律运行，已经不适应国内生产力发展的根本要求。历史经验表明，要发展社会生产力，要顺利进行社会主义建设，要发挥社会主义制度的优越性，就必须改革原有的经济、政治体制，改革才有出路。

新中国成立初期，照搬照抄"苏联模式"是起过积极作用的。这是因为建国初期国内经济发展水平较低、经济结构简单，发展经济是为了增强国家实力和解决人民温饱的简单需要，计划经济有助于集中人力、物力、财力有计划地办大事。在社会主义中国，计划经济体制使中国逐步建立了独立的比较完整的工业体系和国民经济体系，初步改变了旧中国工业基础极其薄弱和国民经济极其落后的局面。但是，到"一五"计划末期，随着经济建设的不断发展，这种体制模式逐渐暴露出不少问题。高度集中的计划体制过多过严的统一管理，所有制结构单一，分配上的平均主义等，这些弊端日益演化成为生产力发展的障碍，传统计划经济体制已经无法解决新的社会问题和社会矛盾。因此，中国共产党人开始积极地思考如何按中国的国情建设社会主义。

毛泽东在《论十大关系》和《关于正确处理人民内部矛盾的问题》中提出了针对性的对策。首先，要处理好中央和地方的关系。这是一项针对性很强的正确的改革措施，显示出毛泽东广阔的视野。毛泽东指出，"应当在统一领导的前提下，扩大一点地方的权力，给地方更多的独立性，让地方办更多的事情"，"有中央和地方两个积极性，比只有一个积极性好得多。我们不能像苏联那样，把什么都集中到中央，把地方卡得死死的，一点机动权都没有"。其次，要处理好国家、生产单位和个人的关系。毛泽东提出："基本的原则是不能只顾一头，必须兼顾国家、集体和个人三方面。"在集体利益的价值判断上，要处理好统一性和独立性的关系，即在把国家的利益摆在首位的同时，尊重集体利益的相对独立性。"把什么都集中在中央或省市，不给工厂一点权力，一点机动的余地，一点利益，恐怕不妥"，"各个生产单位都要有一个与统一性相联系的独立性，才会发展得更加活泼"。

毛泽东对计划经济体制的反思展示出他的求实和大胆探

索的改革精神，为共产党人保持锐意进取的精神做出了榜样，虽然最终没有突破计划经济体制的范畴，却昭示出一个道理：中国的改革必须将马克思主义的基本原理与中国具体实际相结合。

二、邓小平创立社会主义市场经济

（一）探索背景

自新中国建国以来，无数事实都证明了旧的计划经济体制是不成功的，实施计划经济模式，是无视价值规律、束缚商品经济发展的行为。生产关系中的经济管理模式同其他事物一样，在完成了固有的历史使命之后，旧的模式被新的模式所替代，这是历史前进和发展的必然结果。

毛泽东对商品经济的正确认识，深深影响着邓小平，作为中国第二代领导集体的核心，邓小平肩负着承前启后、继往开来的使命。市场经济理论的提出正是邓小平结合中国最新发展形势而做出的重大经济改革举措。邓小平的社会主义市场经济理论紧密结合毛泽东的商品经济思想，同时又有新的突破，是在继承前人正确理念的基础上，把社会主义商品经济理论提到一个新的高度。

（二）逐渐明晰的改革之路

社会主义市场经济理论的形成非常曲折，是一个复杂演变、不断突破和深化的认识过程。社会主义国家在发展中遇到了传统经济体制对生产力发展的束缚问题，提出了改革的要求。1978年12月，中共十一届三中全会吹响了改革的号角，提出"坚决实行按经济规律办事，重视价值规律的作用"。而价值规律是商品经济的基本规律，重视价值规律的作用必然要重视商品经济和市场机制的作用。1979年，中央工作会议提出，国家计划的编制"要自觉运用价值规律来调节生产"，要在国家计划指导下"按照市场供求关系"进行生产，并提出国有企业之间"可以进行竞争"。这是第一次从竞争的角度提出了发展社会主义商品经济。随后，理论界关于中国社会主义必须大力发展商品经济、自觉运用价值规律的问题，基本统一了认识。1981年中共十一届六中全会《关于建国以来党的若干历史问题的决议》中，提出了"计划经济为主，市场经济为辅"的方针。

1984年，中共十二届三中全会通过的《中共中央关于经济体制改革的决定》第一次明确提出："要突破把计划经济同商品经济对立起来的传统观念，明确认识社会主义计划经济必须自觉依据和运用价值规律，是在公有制基础上的有计划的商品经济。商品经济的充分发展，是社会经济发展的不可逾越的阶段，是实现我国经济现代化的必要条件。"提出社会主义经济是建立在公有制基础上的有计划的商品经济，这是对社会主义经济理论的创新与发展，为全面推进经济体制改革提供了新的理论指导。1985年，中共十三大提出了社会主义有计划商品经济的体制，应该是"计划与市场内在统一的体制"，"计划和市场的作用范围都是覆盖全社会的"，新的运行机制总体上来说是"国家调节市场，市场引导企业"的机制。1987年10月，中共十三大报告进一步提出："社会主义有计划商品经济的体制，应该是计划与市场内在统一的体制。"在这些理论的指导下，中国在20世纪80年代以市场为取向的改革取得了巨大的成就，但又由于在市场经济理论上没有根本突破，始终处于"计划经济等同于社会主义，市场经济等同于资本主义"的怪圈之内，经济体制改革的目标无法定位。

邓小平1992年的南方谈话透彻而精辟地提出："计划多一点还是市场多一点，不是社会主义与资本主义的本质区别。计划经济不等于社会主义，资本主义也有计划；市场经济不等于资本主义，社会主义也有市场。计划与市场都是经济手段。"

邓小平的南方谈话，从社会主义本质的高度出发，使人们认清了市场经济作为经济资源配置手段的本质属性，从根本上解除了人们长期以来把计划经济和市场经济作为社会基本经济制度范畴的思想束缚，统一了党内外在社会主义与市场经济关系方面的认识，指明了中国经济体制改革的方向和前途，奠定了改革目标模式最终确立的理论基础，也标志着社会主义市场经济理论的确立形成。

三、江泽民对社会主义市场经济的进一步发展

计划经济与市场经济在很长的一段历史时期内，都被马克思主义者和西方学者看作是两种对立的社会经济制度的标志，认为社会主义只能实行计划经济，资本主义只能实行市场经济。邓小平突破性地将经济体制与社会制度相联系的传统观念打破之后，中国领导集体结合历史和时代的要求，把社会主义市场经济理论的发展上升到了更高的理论层次。

以江泽民为核心的中国共产党第三代领导集体，把邓小平创立的社会主义市场经济理论具体化为社会主义市场经济体制，进一步丰富和发展了社会主义市场经济理论，带领全党和全国人民加快经济体制改革步伐，初步建立起社会主义市场经

济新体制。1992年6月9日，他在中共中央党校讲话中明确提出："经过十多年的摸索和总结国内外经验，我们对建立社会主义的新经济体制在理论上和实践上的认识，已经比较成熟了"，"我个人的看法，比较倾向于使用'社会主义市场经济体制'这个提法。"首次提出了建立社会主义市场经济体制的思想。根据邓小平南方谈话的精神，1992年10月中共十四大报告正式确定了中国经济体制改革的目标是建立社会主义市场经济体制，并从原则上指明了实现这一目标的途径，这是中国经济体制改革在实践和理论上的重大突破。1993年第八届全国人大一次会议将《宪法》第十五条修改为："国家实行社会主义市场经济。"社会主义市场经济第一次写进中国的根本大法。1993年11月14日，中共十四届三中全会通过了《中共中央关于建立社会主义市场经济体制若干问题的决定》，把中共十四大提出的建立社会主义市场经济体制的目标和原则具体化、系统化，初步构想了新经济体制的基本框架，把社会主义市场经济的理论和实践大大推进了一步。此后，建立和完善社会主义市场经济体制，成为中国共产党进行经济体制改革的目标。

随着改革的深入和发展，各种深层次的矛盾和问题也逐渐暴露出来，社会主义市场经济体制的改革再次需要理论的新突破。1995年9月，中共十四届五中全会明确了到2010年建立和完善社会主义市场经济体制的历史任务，为中国发展社会主义市场经济作出了重大的战略部署：到20世纪末，经过三个阶段，初步建立起社会主义市场经济新体制。

1997年9月，中共十五大报告创造性地运用邓小平理论，在确定社会主义基本经济制度、调整和完善所有制结构、加快推进国有企业改革等方面，提出了一系列新理论、新思想、新观点，进一步丰富和发展了社会主义市场经济理论。十五大报告对社会主义初级阶段的所有制理论进行了创新和发展，第一次系统阐述了公有制实现形式多样化的理论，将"社会主义公有制为主体、多种所有制经济共同发展"确定为中国社会主义初级阶段的基本经济制度，突出强调了社会主义市场经济体制是与社会主义基本制度结合在一起的，公有制经济是社会主义市场经济体制的微观基础，在改革中要坚持公有制经济的主体地位，加快推进国有企业改革，坚决反对"私有化"。肯定非公有制经济是社会主义市场经济的重要组成部分，回答了有关社会主义市场经济的一系列重大问题。指出"非公有制经济是我国社会主义市场经济的重要组成部分"，它们在加强社会主义市场经济体制建设方面有着不可替代的作用，因此，在发展社会主义市场经济，促进社会主义现代化建设的进程中，必须把坚持公有制经济的主体地位同促进非公有制经济发展两者统一起来。

经过20世纪90年代的不断深化改革和建设，到20世纪末，经过不断的实践探索和理论创新，社会主义市场经济体制作为中国的基本经济体制，已经初步确立，这是中国改革历史上前所未有的伟大成就。

第三节　社会主义市场经济体制的完善

一、社会主义市场经济体制发展过程中存在的问题

历经中国共产党三代领导集体的共同努力，中国的社会主义市场经济体制初步建立。中国社会主义市场经济的逐步建立，虽然取得了一系列成就，但也积累了不少问题和矛盾，离建立完善的市场经济体制这一目标还有很长的路要走，例如，市场竞争秩序有待规范，市场环境有待优化，经济结构有待调整，经济整体素质有待提高，分配关系有待进一步理顺，农民

收入有待进一步增加，就业有待进一步扩大，经济高速增长同生态环境、自然资源的矛盾加剧有待解决，城乡、地区、居民收入差距有待缩小，就业和社会保障压力有待减缓，教育、卫生、文化等社会事业有待发展，自主创新能力和国际竞争力有待增强等。这些矛盾和问题，有些是中国现阶段发展难以完全避免的，有些则涉及发展观念问题，在这种情况下，超越旧的发展理念、树立新的科学发展观念也成为时代的要求。为了解决这些问题，抑制市场固有缺陷，推动改革开放向深入发展，完善社会主义市场经济体制就顺理成章地成为新的历史发展阶段的重大课题。社会主义市场经济的发展进入了以科学发展观为指导的完善新阶段。

二、科学发展观是完善社会主义市场经济的指导思想

科学发展观是中国特色社会主义理论体系的最新成果，是中国共产党集体智慧的结晶，是指导党和国家全部工作的强大思想武器。科学发展观是中国共产党在新的历史条件下，总结改革开放以来发展的实践，借鉴国外发展经验，适应新的发展要求提出来的科学的发展理论，是中国经济社会发展的重要指

导方针,是发展中国特色社会主义必须坚持和贯彻的重大战略思想。

(一)完善社会主义市场经济是科学发展观的重大议题

新世纪新阶段,以胡锦涛为核心的中国共产党第四代领导集体,在进一步发展和完善社会主义市场经济的过程中,提出了如何提高驾驭社会主义市场经济能力的重大历史课题。科学发展观的提出是与中国改革开放以来的社会主义市场经济实践紧密相连的。反思和总结发展问题,必然以社会主义市场经济实践为最为直接的考察对象和最为重要的经验基础。科学发展观正是中国共产党在思索社会主义市场经济问题时提出来的。

科学发展观从最初的提出开始,便同社会主义市场经济的完善紧密联系。2003年8月,胡锦涛在江西考察工作时第一次提出了"科学发展观",指出:"要牢固树立协调发展、全面发展、可持续发展的科学发展观,积极探索符合实际的发展新路子,进一步完善社会主义市场经济体制。"随后,2003年10月中共十六届三中全会审议通过了《中共中央关于完善社会主义市场经济体制若干问题的决定》,全会对完善社会主义市场经济体制的主要任务做了着重强调,任务是:完善公有制为主体、多种所有制经济共同发展的基本经济制度,建立有利于逐步改变城乡二元经济结构的体制，形成促进区域经济协调发展的机制，建设统一开放竞争有序的现代市场体系，完善宏观调控体系、行政管理体制和经济法律制度，健全就业、收入分配和社会保障制度，建立促进经济社会可持续发展的机制。深化经济体制改革，必须以邓小平理论和"三个代表"重要思想为指导，全面落实十六大精神，解放思想、实事求是、与时俱进，坚持社会主义市场经济的改革方向，坚持尊重群众的首创精神，坚持正确处理改革发展稳定的关系，坚持统筹兼顾，坚持以人为本，树立全面、协调、可持续的发展观，促进经济、社会和人的全面发展。

十六届四中全会通过《中共中央关于加强党的执政能力建设的决定》，十六届六中全会通过《中共中央关于构建社会主义和谐社会若干重大问题的决定》，不断总结与探索在更高层次上驾驭社会主义市场经济的途径和方式，并形成了科学发展观。中共十七大进一步强调要用科学发展观推动中国的改革开放，重点是完善社会主义市场经济体制，这表明中国共产党对于社会主义市场经济的认识有了新的升华，也指明了科学发展观对社会主义市场经济的引领作用。在十七大报告中，胡锦涛指出"社会主义市场经济体制初步建立，同时影响发展的体制机制障碍依然存在，改革攻坚面临深层次矛盾和问题"是科学发展观提出的重要原因之一。"深入贯彻落实科学发展观，要求我们继续深化改革开放"，"要完善社会主义市场经济体制，推进各方面体制改革创新，加快重要领域和关键环节改革步伐，全面提高开放水平，着力构建充满活力、富有效率、更加开放、有利于科学发展的体制机制，为发展中国特色社会主义提供强大动力和体制保障"。

科学发展观作为发展和完善社会主义市场经济的指导思想，其根本点在于以社会主义基本制度为平台，从深层次上找到社会主义与市场经济有机结合的前进方向、主要路径、基本方式和运行标准。可见，社会主义市场经济的完善是科学发展观的重要论题之一。

（二）科学发展观对完善社会主义市场经济的指导意义

1.科学发展观促进社会主义市场经济的完善

胡锦涛强调，科学发展观，必须坚持把发展作为中国共产党执政兴国的第一要义。要牢牢抓住经济建设这个中心，坚持聚精会神搞建设、一心一意谋发展，不断解放和发展社会生产力。要着力把握发展规律、创新发展理念、转变发展方式、破解发展难题，提高发展质量和效益，实现又好又快发展。发展，首先是发展经济。中国经济的进一步发展主要取决于社会主义市场经济体制的完善与发展。从新中国建国后的历史发展来看，是否实行社会主义市场经济，经济社会的发展境况完全是两个方向。可见社会主义市场经济对于经济社会发展具有重要意义。

目前，社会上有一小部分人，只看见社会主义市场经济在运行中存在的问题，就全盘否定社会主义市场经济的存在价值。但是问题的出现主要还是由于社会主义市场经济体制不够完善造成的，这些问题是发展中存在的问题，可以通过发展解决。另外必须承认市场经济存在着固有的弊端，但绝不能因为这些问题而否定社会主义市场经济的历史地位，社会主义市场经济是中国实现科学发展的体制支撑。十七大报告指出："深入贯彻落实科学发展观，要求我们继续深化改革开放，要完善社会主义市场经济体制，为发展中国特色社会主义提供强大动力和体制保障。"完善社会主义市场经济是为了实现发展。完善是发展的完善，要体现在生产力与人的发展上。

2.科学发展观为社会主义市场经济的发展导航

科学发展观的核心是以人为本，坚持以人为本，就是坚持人民群众是历史创造者的唯物史观原理，坚持中国共产党的根本宗旨，全心全意为人民服务。发展的根本前提在于依靠人，发展的根本途径在于提高人，发展的根本准则在于尊重人，发展的根本目的在于为了人，始终把实现好、维护好、发展好最广大人民的根本利益作为党和国家一切工作的出发点和落脚点，做到发展为了人民、发展依靠人民、发展成果由人民共享。经济发展的巨大成就表明中国已基本解决了科学发展的物质基础和动力问题，经济发展与物的增值已不是唯一重要的历史任务，人的发展逐渐占据了社会发展的重要地位。科学发展观正是这种历史要求的体现，其核心"以人为本"也就成为新时期社会主义市场经济发展的根本目的。

3.科学发展观为完善社会主义市场经济提供基本要求

全面、协调、可持续是科学发展观的基本要求，同时也是完善社会主义市场经济的基本要求。坚持全面协调可持续发展，是全体人民的事业，需要几代人的艰苦奋斗和不懈努力。中国只有坚持发展为了人民、发展依靠人民、发展成果由人民共享，才能充分调动广大人民群众的积极性、主动性和创造性，才能不断提高广大劳动者的素质，发挥人民群众的聪明才智，依靠广大人民群众艰苦奋斗、自力更生，切实实现全面协调可持续发展的根本要求。

科学发展观促进了社会主义市场经济内部各要素之间全面、协调和可持续的发展。政治、经济、文化与社会也要实现全面、协调和可持续发展。社会有机体内部政治、经济、文化与社会发展是相互关联、互为条件的。经济发展为政治、文化、社会建设提供物质基础；政治发展为经济、文化、社会发展提供政治保证；文化发展为经济、政治、社会发展提供智力支持和精神支柱；社会发展则为政治、经济、文化发展提供良好的社会环境。

过去，中国改革主要解决经济落后问题，因而政治、文化和社会发展相对滞后。随着经济体制改革逐渐走上正轨，滞后的政治、文化和社会发展对经济发展，甚至对社会的整体发展的制约作用越发明显，因而在继续推进经济体制改革、不断完善社会主义市场经济体制的同时，要加快政治、文化和社会发展。

4.科学发展观为完善社会主义市场经济提供根本方法

科学发展观的根本方法是统筹兼顾，要正确认识和妥善处理中国特色社会主义事业中的重大关系，统筹个人利益和集体利益、局部利益和整体利益、当前利益和长远利益，充分调动各方面积极性。既要总揽全局、统筹规划，又要抓住牵动全局的主要工作、事关群众利益的突出问题，着力推进、重点突破。完善社会主义市场经济体制，既要有全局观念，兼顾体制内部各系统、要素的整体发展，保持各方面都能协调运转、良性互动，又要明确体制内部各系统、要素之间在发展时的侧重性与先后性，并且先后与主次的定位还是会随着外部条件和环境的变化而变化的，完善必须适时地妥善处理影响社会主义市场经济体制完善的重大关系。完善社会主义市场经济体制不仅仅是个经济体制问题，它离不开社会各方面的支持。在完善社会主义市场经济体制、推进经济发展的同时，必须同政治、文化和社会等各个方面的发展要求相结合，实现社会有机体内部各个构成要素之间的协调发展。

第四章　现代市场经济模式的国际比较

　　市场经济体制并非一种程式化的模式，任何国家都可以采取市场经济的运行模式，其本质和运行机理是一致的，但在不同生产力发展水平阶段，在不同的国家还具有不同的运行方式和外在特征，即使在同一经济制度下的资本主义国家，由于各国所处的社会、历史、政治、文化、经济发展环境的不同和发展进程的差异，它们所选择的市场经济操作方式也不尽相同。这样，便形成了各具特色的市场经济发展模式。由于资本主义国家的市场经济发展较早，长期的经验积累，使一些资本主义国家在市场经济方面日趋完善和成熟，推动了经济的飞速发展。在现代发达国家中，世界公认的比较成功的市场经济模式主要有英美模式、德国模式、日本或东亚模式。在选择和构建中国模式的过程中，很有必要对这些成功的模式进行了解。

第一节　美国模式

美国是当今世界上经济实力最强的国家，因此，美国的市场经济模式对世界各国具有较大的示范效应。中国是发展中国家，社会主义市场经济体制处于发展和完善阶段，研究美国市场经济模式中的成功经验具有积极意义。

一、美国模式的主要特点

美国模式，又称"自由主义的市场经济"，是一种消费者导向型市场经济模式，注重发挥市场经济的自我调节功能，国家对经济的干预经常是补救性、后发性的，它的主要特点在于：

第一，美国模式十分强调市场力量对促进经济发展的作用，强调充分发挥市场机制自身的作用，政府对市场的干预是防卫性的补救措施，因而不存在国民经济计划化的管理方式。美国模式十分崇尚市场效率，推崇企业家精神，实行自由企业制度，生产要素在体制内具有较高的流动性。自由企业制度的核心是私人财产所有权，私人财产受法律的保护而神圣不可侵犯。每个人可以自主地决定如何使用自己的财产，可以用之进行投资，取得投资收益，也可用于自己的消费。在切身利益的驱动下，个人会选择最有利的领域来使用自己的财产。虽然美国政府也拥有一定比例的财产，但私人财产始终占据主导的地位。在自由企业制度下，每个人都有权利自己创办和经营企业。只要依法办理登记，承担纳税义务，就可以成立新的企业，企业的生产经营方向、产品和服务的定价、生产经营的规模，均由企业自行决策。当然，盈亏由企业自己负责，严重亏损的企业则应依法申报破产。

第二，美国政府鼓励市场在法治规范下进行自由竞争，并通过法律条文和执行程序来保证市场竞争，这就决定了美国模式中存在着无限制的法律诉讼特色。美国是一个崇尚法律、喜爱诉讼的国家，尤其在市场经济方面，美国政府制定了较为健全的法律制度，例如，企业的组织形式方面，有合伙法、公司法等；各个部门的经济方面，有金融法、银行法、贸易法等；经济管理方面有劳动法、税法、破产法、反垄断法等；这些法律的制定和实行，目的在于保证市场经济的正常运行，平等竞争的规则得以贯彻，政府的监督和调控得以实施，等等。

第三，政府进行调控的主要目标是保护消费者的根本利益，而较少从生产者角度出发。货币政策在国家干预经济中居于核心的地位。社会习惯与政府政策更多地偏重促进私人消费而忽视储蓄，这也导致政府公共财政收支出现大量的财政赤字。虽然美国以消费者为导向的市场经济在不断地发展和改善，但近些年来已明显出现竞争力下降的趋势。美国模式的市场经济在某些经济方面显现出某些重大的缺陷，如宏观经济的管理调节能力较差、储蓄率很低和技术进步不足、大企业的管理失灵和活力降低等。

二、美国模式的决策结构与经济管理体制

从决策结构上看，美国是以分散决策为主，集中决策和局部的共同决策为辅。分散决策是指目标决策和生产决策由每个独立的经济实体作出，决策权分散在数量众多的决策人手中。在这种分散决策中，政府决策主要是起制定社会经济发展总目标和协调利益的作用。此外，某些重要的决策也往往由多方力量相互商讨斗争之后形成的局部性共同决策，比如资方、工会、行业协会等。在这种决策中，美国政府一般不加任何强制，即使利益各方因谈判破裂而导致暴力冲突，政府也只是稍加干预或从中调停。

在美国模式中，决策者大概分为三类，即消费者、营业部门和政府。理论上决策权是分散在三类决策者手中，同时又相互影响并起作用。但实际上美国普通消费者拥有的决策权正在被蚕食并逐步丧失。这是由于美国的营业部门有影响消费者偏好的各种手段和主动权，政府又是众多产品和生产要素的主要购买者，因此，造成美国普通消费者决策权理论地位与实际地位的不符。另外，美国的企业决策往往取决于经理集团。由于垄断资本在美国经济中占有支配地位，又加上社会经济倡导自由企业制度和崇尚企业家精神，所以营业部门的决策权主要集中在企业的董事长、总经理或其管理集团身上。由此也实现了企业所有权与决策权的分离。经理或管理集团可以独立于所有者和消费者而发挥作用，有权决定企业的发展方向和治理方法。一些董事会和经理的决策不仅可以影响许多产品生产和加工程序的变化，甚至把握着工厂乃至整个城镇的经济命脉。

美国不制定全国性的经济计划，但是在某些州和县镇却存在编制计划。国家往往通过政府订货和采购影响经济，政府也对能源、尖端技术、农业和环保等部门实施管理。一些规模很大的公司也会制定自己的计划管理制度，包括编制长期发展计划与销售计划。

三、美国模式的宏观调控政策

美国宏观经济政策是建立在凯恩斯的理论基础之上的，主要强调的是需求管理。美国对宏观经济的调控主要采用财政手段和金融手段。财政手段包括税收和政府预算两个方面，由政府操纵。金融手段在美国不直接受政府操纵，而是由作为中央银行的联邦储备局操纵。联邦储备局有很大的独立性，政府无权直接干预，只能磋商。

（一）美国政府对经济实施宏观管理的演进过程

1776年美国建国标志着美国政府对经济实施宏观管理进入第一阶段，建国最初形成了以州为主的经济管理体制。1789年的《美国宪法》，确立了联邦、州、地方的三级政府体制。1860年，南北战争爆发前，第一阶段结束。

1861年南北战争爆发，美国政府对经济实施宏观管理进入第二阶段。在这个阶段中，美国建立了以征收公司和个人所得税为主的财税制度，对货币与银行制度进行了改革。1863年国会通过国民银行条例，对开办银行所必须拥有的最低资本额进行了规定，并对银行资金的使用与钞票发行作了详细规定。由于资本主义经济制度存在着无法消除的矛盾，再加上制度缺乏集中管理，美国差不多每隔十年就发生一次金融危机。1933年罗斯福新政府上台，第二阶段结束。

1933年罗斯福推行新政后，美国的消费者导向型市场经济模式进入了逐步完善阶段。政府在相当程度上放弃了传统的不干预经济自由发展的做法。

（二）宏观调控体系

1.财政预算体系

20世纪30年代以前，美国实行自由的市场经济，财政政策主要以保持国家预算的收支平衡为出发点，并不主动运用财政政策来调控经济。政府认为供给与需求可以实现自我平衡，因此放任市场供求关系自由发展，以达到市场自动调节经济的目的。

1929年，经济危机爆发，美国人开始寻求摆脱困境的良方，后来逐步接受了英国经济学家凯恩斯的经济理论。凯恩斯认为："经济不可能自动达到其产出潜力。经济活动会停留在低于产出潜力的水平，而需要通过增加总需求措施以刺激生产并增加就业。"他主张国家干预，认为通过政府的充分就业政策可以使经济从衰退中得到恢复。许多经济学家接受了凯恩斯的理论。美国随后调整了财政政策的方向，放弃了搞预算收支平衡的办法，转而以保持物价稳定并促进就业充分为目标，税收成为政府调节经济的主要手段之一。

税收手段主要调节的是总供给与总需求的关系，即通过增税减少财政赤字，紧缩投资和生产，或通过减税扩大社会总需求并刺激投资和生产。美国政府为了搞活宏观经济、调整中央与地方关系及帮助政府实施社会目标，运用了税制结构与失业保险等手段。美国联邦政府可以凭借其财力，对州和地方的发展进行干预与影响，并可以在一定程度上，促进全国经济较平衡地发展。美国政府还通过国家对商品和劳务的采购来扩大市场，刺激投资和生产，其中最主要的是军事采购。

2. 银行金融体系

美国政府对银行的管理经历了复杂的变化过程。银行最早成立于1782年，最早的国家银行成立于1791年。1837—1863年期间，是美国银行的自由发展时期，那时美国的商业银行都在其所在州注册。由于各州对银行缺乏严格管理，大批银行倒闭。1863年，美国通过了国民银行条例，并在其后的补充条例中，规定了在联邦政府注册的国民银行体系。联邦政府在财政部内设立了金融监察局，控制信用和管理银行。这样在美国银行体系中，存在着联邦管理银行与州管理银行的双轨制。1929

年的金融危机，使大批银行破产。1933年罗斯福上台后提出了银行法，以支持银行系统改革并集中了联邦储备银行的权力。该法律体系中，明确了联邦储备银行的领导体系与组织。

目前，美国政府对银行的管理，法律规定了三个调控系统。一是联邦财政部的金融监察机构。政府对商业银行实行中央和州二级管理。二是联邦储备体系。由联邦储备区内的12家联邦储备银行及其领导机构联邦储备委员会组成，对领导机构组成也作了一系列具体规定，以保证不受短期的政治影响。三是建立了联邦存款保险公司，以保护居民存款，使其在银行倒闭后少受损失。

第二节 法国模式

一、法国模式的主要特点

法国的经济体制是一种现代市场经济体制，它与西方其他国家的市场经济体制有许多相似之处，但是法国的市场经济体制又有着自己的特点。二战后，法国根据本国的特点，推行计划与市场相结合的"混合经济"管理体制，计划调节成为国家管理经济的突出形式。这使它成为一种独特的市场经济模式。法国市场经济模式的特点大致可概括为以下三点：

（一）国有经济占重要地位

法国堪称老牌资本主义国家，完全实行资本主义性质的经济体制，私营经济是国民经济的主体。法国如同其他西方市场经济国家一样，拥有一套比较完整的市场体系，市场调节在法国宏观经济管理中起主导作用。但是，法国又不同于其他欧美国家，它推行"国家干预主义"，国家在宏观经济管理中始终发挥突出的作用。法国在主张私营经济的同时一直十分重视国有化运动，国有经济在国民经济中占有十分重要的地位，而且所占比重不断提高。通过国有化运动，国有企业在能源、交通、金融、计算机、航空、电子、机械制造等行业占据主要地位。实践表明，法国国有企业在扩大投资、增加就业、带动私营经济发展、促进产业结构调整、缓和社会矛盾、克服经济危机、加快经济增长等方面发挥了积极的作用。

（二）市场中实行混合经济体制

法国市场经济的发展具有悠久的历史。但是市场体制固有的缺陷意味着仅靠市场难以使资源配置达到最优，客观上要求利用经济计划来影响资源的配置过程。第二次世界大战结束后，法国在坚持市场调节的同时，建立了一套"混合经济"体制，这种经济体制兼容了凯恩斯主义、新自由主义和社会民主主义多种流派的经济理论和思想，是各种经济政策思想的混合物。

法国是一个以私有经济占主导地位、私有经济与公有经济并存的资本主义国家。正是这种两重性的生产资料占有形式，构成了法国"混合经济"体制的物质基础。经济计划能够对经济发展的目标和方向作出规划，能够针对国民经济各部门的发展需求对发展顺序作出安排，同时还能够确定实现计划目标的各种政策和措施。经济计划也规定各种数量指标，但这些指标只是为企业的独立决策提供信息和指导，不具有强制性。法国实行经济计划的经验表明计划与市场是可以结合的，它们彼此相互补充、相互影响，可以使社会资源配置效率得到提高。

（三）国家实行强有力的政策干预国民经济的运行

法国是西方国家中少有的国有经济在国民经济中占据主要地位的国家之一，法国历届政府都致力于坚持扩大国有经济规模的政策思想。法国计划不是政府发布的一种指令，也不是由国家统制一切经济活动，而是在市场机制作用的基础上，把计划的长处与市场的长处有机地结合起来，构成一种合力。法国政府对国民经济的干预在西方各市场经济国家中是最强的，这主要表现在法国政府通过掌握和支配大量的国民财富对国民经济进行深入、广泛的干预上。国家通过直接持有生产资料，在垄断和竞争性行业建立了许多国有企业，他们为政府进行经济管理奠定了物质基础。掌握物质基础更有利于法国通过经济计划，运用财政、货币等政策对整个国家经济进行管理和调节，使整个经济在国家的引导下运行。

法国的市场经济模式，将国家与企业、国有经济与私营经济、计划调节与市场调节有机地结合在一起，有效地发挥着调节资源配置的作用。由于国家在法国的市场经济运行机制中占据着特殊重要的地位，法国的市场经济体制可以称作为"国家主导型市场经济体制"。

二、法国模式的发展过程

法国的市场经济体制不是生来就有的，也不是僵化不变的，在不同的经济发展时期，体制的特点也不尽相同。二战后法国经济体制大致经历了以下三个发展时期：

（一）强化国家干预时期

二战后初期，为恢复和振兴法国经济，法国政府采取了一系列加强国家干预经济的措施。从1945年开始，法国开展了大规模国有化运动，将煤矿、汽车、航空以及银行等部门中的大企业收归国有，同时法国开始制订经济计划，1947年法国正式实施第一个名为"现代化与装备计划"的经济计划，标志着法国走上了计划管理国民经济的道路。随着经济的逐渐恢复和再次腾飞，法国政府一方面继续加强和完善国家对经济的管理，另一方面，放弃战时形成的统制经济，转向市场经济，使市场机制发挥调节资源配置的基础性作用。直至1974年，法国基本形成了国家干预与市场调节相结合的现代市场经济的框架。

（二）推行经济自由化时期

进入20世纪70年代，受石油危机的影响，法国经济由高速增长转变为持续衰退。1974年5月德斯坦出任法国总统，他提出，要通过改革使法国经济"从管理主义过渡到自由和竞争的经济"，随后，法国总理、经济学家雷蒙·巴尔制订了"巴尔计划"，其内容在于突出自由竞争和市场的作用，削弱宏观计划调节。"巴尔计划"提倡放松政府对价格的管制，实行价格自由化，在经济计划中不再规定计划增长率目标，扩大国有企业自主权，强调自主经营和自负盈亏，减少国家对公共部门如电力、运输的补贴。同时对产业结构进行调整，淘汰边缘企业，扶持具有竞争优势的行业。

（三）调整时期

从1981年开始，法国的经济体制进入频繁变动的时期，经济体制的变动原因主要在于经济的恢复乏力。政府始终在寻求一种经济体制，来扭转和解决经济停滞与通货膨胀的局面。这一时期的体制变动时而强调国家干预，时而强调经济自由化，总趋势是二者并重，共同推动经济的复苏。

结合法国经济体制的发展过程，可以看出加强国家干预始终是其主要手段，实行经济自由化顶多是校正或调整国家与市场的关系，以便二者更好地发挥调节资源配置、促进经济增长的作用。法国国家主导型市场经济体制的形成是由法国的经济发展水平、自然和社会环境及历史文化传统决定的，不以人的意志为转移，党派纷争和政府更替以及由此引起的政策上的变化只会引起经济体制的局部变化，而不会根本改变体制的主体框架和演进趋势。

三、法国模式的决策结构

从决策权来看，市场经济显然决定了企业和个人在投资、生产经营、消费和就业等方面的自主选择权，然而又不是完全的自由放任，国家对企业和个人的决定起着重要的影响乃至决定性的作用。戴高乐总统在强调竞争和市场的重要作用时特别指出："国民经济需要一个动力，一种协调，一些法则，这只能通过政府来进行。总之，这里需要国家集中管理经济。"

法国社会一直围绕集权与分权、集中与自由问题，进行着无休止的争论，政府也不时地进行改革和调整。尤其20世纪80年代后，集权经济有被削弱的趋势。但从总体来看，国家在经济生活中仍保持突出的作用，集中管理经济的体制并没有从根本上得到改变，其经济自由度和开放性不及其他欧美国家。从中央与地方之间的关系来看，法国的行政权力机构分为中央、大区、省和市镇四级。行政管理权和经济决策权集中于中央政府。中央负责制定国家中期计划，年度预算法案，部门和地区产业政策及各种总体性的经济、财政金融和社会政策，经国民议会审议通过后便以立法形式付诸实施。其目的是实现宏观经济平衡、稳定发展和"社会公平"。与此同时，国家还建立相应的干预、协调、咨询和监督机构，以确保国家意图的实现。

1981年社会党执政后，采取了进一步向地方放权的措施，尤其大区一级的地位和作用得到大大加强。中央授权各大区独立编制适合本地区特点和需要的经济、社会和文化中期发展计划、国土整治规划，并确保各大区"在立法、技术和行政方面拥有的广泛自主权"。同时采用签署"国家——地区计划合同"的方式，确保地区行动与国家计划目标的协调一致。中央还通过委派共和国专员到各大区，代表中央行使协调和监督使命。省一级主要负责本省内的各种社会事务管理。市镇一级主要负责市政建设和社会公用事业。根据法令规定，国家的主要职能仅限于国防、对外关系、司法和安全。

法国是市场经济国家，"按照竞争市场的规律经营企业是法国工业经济的基础"。对广大私有企业来说，它们有不受政府直接控制的自主决策权，它们可以自由决定其投资、生产和销售。国家计划对私有企业无约束力，只是供企业决策时参考，它们可以执行，也可以不执行。但另一方面，国家又不放任自流，而是运用各种经济和财政金融手段加以引导和调控，促使其经营活动纳入国家计划轨道。

此外，政府还通过签署"计划合同"的方式，把企业活动与国家计划联结在一起。这样，既能保证计划项目的实现，又能鼓励企业积极性。企业承诺完成计划合同项目的义务，并从中取得投资、税收等各种优惠和便利。国家对国有企业则采取集中管理的方式，其资产由国家财政部统一管理，经营权和人事权基本属于国家。国有企业的经营活动以服从国家总体和长远利益为其目标，经营方向要受国家计划的约束。国有企业如果经营亏本，国家则给予必要的财政补贴。20世纪80年代以来，鉴于国有企业效益明显下降，亏损严重，政府财政补贴负担过重，不得不对国有企业管理体制进行一系列重要改革，将国有企业推向市场。

四、法国模式的资源配置方式

法国市场经济模式中，资源配置方式主要有两种，即国家计划与市场配置。国家与市场之间的关系是法国市场经济下宏观经济管理的核心问题，法国政府力图在市场机制作用的基础上促成两者的有效结合。强调国家计划的作用，不等于抛弃市场，着力于市场配置资源，也不意味着放弃国家计划模式，只有结合两者的长处，才能形成推动国民经济均衡、稳定发展的一种合力。

法国虽然是一个私有经济占主体的市场经济国家，然而，政府可以通过制定和实施国家计划与产业结构政策，从总体上对宏观经济进行干预和调节，促使部门和地区经济活动布局按照国家规定的目标和方向发展。国家计划对资源配置的引导，主要通过资源配给的倾斜政策来实现。凡是符合国家经济发展目标的部门和地区经济活动，国家都会给予大力扶持和保护，反之，则采取限制性措施抑制其发展。但是，运用计划手段配置资源，显然不是试图以此取代市场的作用，而是作为对市场机制的一种补充和完善。

第三节 德国模式

一、德国模式的主要特点

德国市场经济模式，又叫作"社会市场经济模式"，是德国在二战后以新自由主义的"秩序经济学"为理论基础而建立的适应本国实际情况的竞技模式。"社会市场经济模式"指的是遵循市场经济规律，以社会公正、社会保障为特征的发展社会经济的模式。它强调在经济竞争的基础上将个人自由的积极性同因为市场经济成就而得到保障的社会进步联结在一起。德国认为它实行的社会市场经济是基于宏观控制之上的，既反对经济上的放任发展，也反对将经济管得过死，而是重点将个人的自由创造和社会进步的原则结合起来。既保障私人企业和私人财产的自由，又要使这些权利的实行给公众带来好处。在国家和市场的关系上，它的原则是国家要尽可能少干预而只给予必要的干预。国家在市场经济中主要起到一种调节作用，并设定一个总的框架指导市场的运作规定。所以德国实行的社会市场经济，实际上是国家进行调节的市场经济，目的是平衡市场自由和社会公平。

德国"社会市场经济模式"的主要特点是：

（一）市场调节与政府有效干预相结合

德国模式的这种结合指的是带来效率的市场与提供社会保障、社会进步的各项政策措施的结合。市场机制的调节是经济运行的基础，社会的各项政策调节措施是市场机制发挥作用的补充。国家宏观调控的重点放在保证市场自由与有效性上，同时又综合各社会因素的情况，强调社会均衡原则。德国经济模式实质上是一种以私有制为基础的宏观调控的市场经济，它强调凡是市场经济能自行调节的，都应让市场去解决，国家只负责为市场的正常运行制定规则，并在市场失灵的地方进行干预。

（二）充分强调个人与社会的关系

个人与社会的关系主要强调两个方面，一是强调社会义务与个人自由之间的结合，二是强调个人利益与社会公平在经济发展中的平衡。在具体实施过程中，德国政府一方面强调和重视个人利益，在市场经济协调的体系下，在法律允许的范围内，充分保护个人实现利益。国家的作用主要是建立和维护制度，保护社会稳定和个人自由。另一方面又认为私有因素存在弊端，要通过政治措施使社会公平，明确规定实现社会公平的具体内容。

（三）鼓励与强调竞争

德国模式中所说的竞争，是注重各利益集团之间的协商竞争，是社会市场经济的内在要求，是市场正常运行的前提条件。竞争的存在，关乎到市场的稳定、资源的优化和经济的健康发展。德国社会既强调保护竞争，又强调维持和保证社会稳定。德国通过法律手段限制垄断，保护竞争，从而充分发挥市场机制的作用。如制定"反限制竞争法"等一系列相关法律，并设立相关的机构严禁各种垄断，同时鼓励中小企业合作，积极参与竞争，保证企业充分的独立性和经营自由。德国在法律上明确规定，禁止大企业之间形成垄断的市场协议，防止大企业兼并小企业。在税收、贷款、财政援助、信息等方面保护和支持中小企业。

二、德国的企业组织制度

德国的企业制度独具特色。在德国"社会市场型"经济模式中，市场上大中小企业并存，并且主要以大企业为主，且家族性企业占相当大比重。德国有完善健全的法制管理机构，政府对企业的管理依法行事，企业的经营活动只有在法律允许的范围内才能获得合法的权益。另外，德国制定了很多对企业的限制性规章制度，在企业管理方面，德国建立了共同决策制度，工会代表具有参加大企业董事会的资格。德国大股份公司中的股份归属相当分散，本企业职工持有企业股份，并且德国法律赋予职工参与企业某些决策的权利，但不直接干预企业的所有制与企业产权。

另外，德国还在企业中实行"参与决定权"，这是一种很有特色的措施，它不直接影响资本的归属，却又能对资本的权力进行某些限制。德国从法律上赋予职工参与企业某些决策的权利。德国的企业中有两个领导机构，即作为监督机构的监事会和处理日常业务的董事会。监事会由资方和劳方的代表共同组成。德国工人拥有较为普遍的社会保障，这是由德国企业提供的。

德国的社会市场经济保障私人企业，但老式的由家族拥有的私人企业已为数不多，德国目前存在的大型企业几乎都是股份公司。但德国股份有限公司不多，在大的股份公司中，股权相当分散。许多大公司中都有联邦政府和各级地方政府的股份，有时政府的股份足以控制这家公司，这样的公司实际上具有了国有企业的性质或公私合有企业的性质。比如，大众汽车公司原来是国家控股的企业，后来联邦政府把部分股票转让给了私人，大众汽车公司便变成了"公私合有"的性质。

三、德国联邦银行的特殊作用

在德国，银行对企业的发展和社会经济运行发挥了独特的作用。联邦政府调节经济的手段主要有两种，即财政和税收两大手段，而联邦银行主要负责运用货币和信贷政策来调节经济。在德国的各大企业中都有银行广泛参与，银行在投资中的作用以及对经济的影响极受重视。德国联邦银行是德国的中央银行，其资本归联邦政府所有。德国中央银行又对政府具有相对独立性，其主要任务是调节货币流通量，抑制和消除通货膨胀。但联邦银行又是一个具有公共法人资格的联邦直接法人，独立于联邦政府，在行使职权时不受联邦政府指令的影响，但它要支持政府的总体经济政策。联邦银行还可以用提高或降低商业银行在联邦银行的存款额，提高或降低它对商业银行的贴现率，在金融方面刺激或冷却经济。

联邦银行的权力机关是联邦银行中央银行理事会，它由联邦银行行长、副行长、董事会其他成员和州银行行长组成，由联邦银行行长任主席。联邦银行行长、副行长、董事会其他成员经联邦政府提名，由联邦总统任命。联邦银行的经费不列入政府预算，独立开支。当政府和银行在政策上发生分歧时可以协调，但联邦银行按理事会决议行事，联邦政府对这种决定只有暂时推迟实施的权力。

总之，德国的市场经济模式是一种独具特色的模式，由于它结合了自身的国情和社会历史发展的特点，使其在经济发展模式上具有一定的特点，这一模式为德国第二次世界大战后的重建和经济的发展做出了重大贡献。

第五章　社会主义市场经济理论的重大意义

　　中共十四大确立的社会主义市场经济理论，是对马列主义、毛泽东思想的重大发展，是邓小平理论的重要组成部分，是中国改革开放和现代化建设伟大实践的科学总结，也是指导中国搞好改革开放和现代化建设的最宝贵的精神财富。社会主义市场经济理论的提出，具有划时代的理论意义和现实意义。它标志着建设有中国特色的社会主义理论的重大突破，不仅丰富了马克思主义理论宝库，而且必将有力地推动中国改革开放的实际进程，进而对整个社会主义事业产生深远的影响。明确中国经济体制改革的目标是建立社会主义市场经济体制，对于社会主义经济理论、中国经济体制改革和经济建设的发展都具有重大而深远的意义。

第一节 社会主义市场经济的理论意义

邓小平理论内容丰富、博大精深,其中社会主义市场经济理论是整个理论体系中非常重要的组成部分和核心内容。社会主义市场经济理论的提出,是马克思主义理论的重大突破和发展。其理论意义在于在新的历史条件下坚持了马克思主义,丰富和发展了马克思主义,给马克思主义赋予了旺盛的生机和活力。

一、社会主义市场经济理论丰富了马克思主义经济理论

社会主义市场经济的理论是马克思主义经济理论在中国的又一次突破和发展。无产阶级建立了社会主义制度以后,一直在探索合适的经济发展体制。马克思和恩格斯进行了一定的设想,恩格斯指出:"一旦社会占有了生产资料,商品生产就将被消除,而产品对生产者的统治也将随之消除,社会生产内部的无政府状态将为有计划的自觉的组织所代替。"然而,历史证明社会没有按照马克思和恩格斯的设想发展。十月革命胜利

后，列宁也通过"新经济政策"取代战时共产主义政策，对经济体制的发展进行了一些探索。斯大林时代，苏联建立了高度集中的社会主义计划经济体制，但由于理论上的不彻底性和忽视价值规律与市场作用，难以长时期存在。

中国国内经过多年的实践，毛泽东在吸取和借鉴国际上建设社会主义的经验之后，对经济体制改革提出了一些宝贵的意见，试图突破集中统一的计划模式。直到以邓小平为核心的中国共产党第二代领导集体上台，社会主义到底建立什么样的经济体制才能更有效地发展生产力这个问题才得到解决。邓小平从马克思主义的基本原理出发，突破了传统观念，解决了中国在理论中长期争论的市场与计划的关系问题，在实践中解除了种种传统观念对人们的束缚。创造性地解决了这一世纪性的难题，丰富了马克思主义的理论宝库。

邓小平指出，"计划经济不等于社会主义，市场经济不等于资本主义，计划和市场都是经济手段，不是社会主义与资本主义的本质区别"，这从根本上突破了把计划经济和市场经济当作社会基本制度范畴的思想束缚，创立了社会主义市场经济理论。中共十四大第一次明确提出中国经济体制改革的目标是建立社会主义市场经济体制，中共十四届三中全会又进一步规划了中国建立社会主义市场经济体制总体框架的宏伟蓝图，标志着中国社会主义市场经济体制的建立进入实施操作阶段。社会主义市场经济理论是在马克思主义发展史上树起的又一座丰碑，是对马列主义、毛泽东思想的重大发展。

二、社会主义市场经济理论为中国经济体制改革奠定了理论基础

社会主义市场经济理论的基础是社会主义市场经济制度，而经济体制是经济制度的具体实现形式。所以经济体制改革是整个改革事业的重点、难点和核心。社会主义市场经济理论的确立，对推动中国经济体制改革具有重大的理论意义。经济体制改革就是由传统的计划经济体制向社会主义市场经济体制转变。在以经济建设为中心的改革开放新的历史时期，邓小平紧紧抓住市场经济建设这个关键环节，充分调动起广大群众经济建设的积极性，找到了通过改革传统计划经济体制，建立社会主义市场经济体制来解放和发展生产力，优化资源配置，创造更多的物质财富，最终达到共同富裕的社会主义建设道路。

中国社会主义建设，新时期最鲜明的特点就是改革开

放。正是在这一理论的指导下，经济改革和经济发展取得了举世瞩目的伟大成就。从改革方面讲，确立了社会主义市场经济体制的改革目标，真正适应现阶段中国经济发展水平的现代企业制度、市场体系、宏观调控、分配制度、保障体制的具体目标都已明确，并正处在转轨的过程中。

在经济全球化的进程中，各国经济已经在或大或小的程度上相互交融，完全独立的民族经济早就基本上不复存在。各国经济相互联系、相互补充、相互依赖，共同促进世界经济的繁荣和发展，这是人类社会进步的重要表现。邓小平曾经高瞻远瞩地提出了"中国的发展离不开世界"的论断。邓小平说："现在任何国家要发达起来，闭关自守都不可能。我们吃过这个苦头，我们的老祖宗吃过这个苦头。"而中国要对外开放，要与世界经济接轨，不搞市场经济是不可能的。在计划经济条件下，或者在半计划经济条件下，中国的体制与绝大多数国家的体制有巨大的差异，中国的资源配置方式与别人根本不同，无法学习和借鉴他国的先进经验，难以实现相互促进和共同发展。要解决这一问题，最根本的一条是坚持社会主义市场经济的改革方向，坚定不移地实行市场经济。这是中国走向世界的必由之路。

三、社会主义市场经济理论为中国实现民富国强提供了理论保证

新民主主义革命胜利之后,中国走上了社会主义道路。但是,在很长一段时间里,怎样建设社会主义、为什么建设社会主义的难题始终困惑着人们。社会主义国家是为人民服务的国家,建设和发展经济的目的是为了最大限度地满足人民群众日益增长的物质文化需要。但是,当经济发展与理论模式相抵触时,发展又让位于理论模式,如计划经济、单一的公有制、纯粹的按劳分配等。中共十一届三中全会以后,邓小平经过反复的探索,提出了社会主义本质论,才从根本上解决了这一问题。

邓小平指出:"社会主义的本质,是解放生产力,发展生产力,消灭剥削,消除两极分化,最终达到共同富裕。"社会主义本质的阐述,为中国经济社会的发展指明了前进的目标,社会主义的本质要求能够指导中国选择具体的经济模式。社会主义市场经济理论的创立,是适应中国实际国情的经济模式。这一模式充分体现了社会主义的本质,它最终将指引中国走向繁荣富强的道路,人民生活将更加富裕美好。第一,市场经济

体制蕴含着强大的激励机制，有利于促进生产力的发展。市场经济的实质是以市场为中介的劳动的社会分工和交换。在这个体制中，任何人都不能独立于市场体系之外生产和生活，必须在社会分工中占有一席之地，必须以低于或等于社会必要劳动时间的标准向社会提供商品或劳务。否则，在市场竞争中将没有立足之地。这种无形的调节，就是一种强大的激励机制，它使得人们的生产积极性得以充分的发挥，从而促进生产力的快速发展。第二，市场经济以社会需求为直接导向，有利于更好地满足人们的物质文化需要。计划经济虽然也是以社会需求为导向的，但是实际生产过程却直接按计划进行。只有在计划的制订完全反映了人们的需求时，生产才能满足需要。

事实上，随着现代经济生活内容的丰富和发展，人们在物质文化诸方面的需求是千变万化、纷繁复杂的。人为制订的计划不可能完全反映客观需求。因而，社会主义生产目的的实现不能依赖于计划经济。市场经济的本质就是由市场作为资源配置的基础，市场经济的生命力在于满足社会需求。没有需求就没有市场，需求不旺市场就不活。因而市场经济模式是满足社会需求的最有效的经济模式。人民群众只有在发展市场经济的过程中，才能真正体会到社会主义制度的优越性。

四、社会主义市场经济理论是对科学社会主义学说的丰富和发展

社会主义市场经济理论是以邓小平为代表的中国共产党人对马克思主义经济理论的伟大探索和创新，它解决了国际共产主义运动史上长期没有解决的重大理论和实践难题。列宁根据资本主义经济政治发展不平衡的绝对规律，最早得出"社会主义不能在所有国家内同时获得胜利。它将首先在一个或几个国家中获得胜利，而其余的国家在一段时期内将仍然是资产阶级的或者资产阶级以前时期的国家"的结论。事实证明，社会主义革命没有首先在发达的资本主义国家取得胜利，而首先在一些经济文化落后的国家取得了成功。因此，社会主义的实践必然会面临两个重大课题：一个是在经济文化落后的国家，无产阶级怎样领导广大人民群众去夺取政权，建立社会主义制度；另一个是在经济文化落后的国家，无产阶级夺取政权、建立社会主义制度以后，如何巩固、发展和建设社会主义，或者说应该走一条什么样的建设路子。

第一个课题，列宁把马克思主义的普遍真理同当时俄国的实际结合，创造性地发展了马克思主义，提出了一国或数国

首先胜利的论断。在这一理论的正确指导下，俄国取得了十月革命的胜利，建立了第一个社会主义国家苏联。毛泽东又把马列主义同中国实际相结合，创造性地发展了列宁主义，提出了"农村包围城市，最后夺取政权"的理论，取得了社会主义革命的胜利，把一个半殖民地半封建的旧中国变成了社会主义新中国。伴随着第一个课题的完成，第二个课题又摆在社会主义各国的面前。

几十年来，无论是第一个社会主义国家苏联，还是其他社会主义国家，都在不断地苦苦探索，也积累了一定的经验，但总的来说并没有从根本上解决好发展社会主义的难题，以至酿成20世纪80年代末90年代初的苏联解体、东欧剧变的历史悲剧，使国际共产主义运动受到严重挫折，社会主义遇到了前所未有的挑战。以邓小平为代表的中国共产党人痛定思痛，深刻总结社会主义建设的经验教训，解放思想，转变观念，创造性地发展了马列主义、毛泽东思想，大胆地提出了社会主义市场经济理论，并在中国取得了伟大的成功，解决了在经济文化落后的国家，如何巩固、发展、建设社会主义的难题，从而对科学社会主义学说和国际共产主义运动的实践做出了无法估量的重大贡献。

第二节　社会主义市场经济理论的现实意义

中国正处于社会主义改革开放和现代化建设的新时期，一定要高举邓小平理论的伟大旗帜，用邓小平理论来指导中国整个事业和各项工作的展开。这是党从历史和现实中得出的不可动摇的结论。因此，深入地学习、研究和认识社会主义市场经济理论，有着重要的现实意义。

一、社会主义市场经济理论是对传统经济理论的重大突破和创新

社会主义市场经济理论的形成是经济理论领域中的一次划时代的创新和深刻变革，是对传统计划经济理论的全面突破和创新。传统经济理论源于计划经济理论，是计划经济在实践中总结出的理论，是社会主义计划经济学。计划经济体制对社会资源的配置起着基础性的作用，这种高度集中的计划经济是建立在单一的公有制基础上的，有计划地按比例协调发展是这一经济理论的逻辑推理，现实经济中是有计划，但很难做到按比例协调发展。社会主义市场经济理论是社会主义制度下市场经

济实践的理论概括和科学总结，它不是对原来传统经济理论的简单继承和修改，而是全面的重大的突破和更新。它突破了传统的社会主义经济理论，突破了社会主义实行计划经济、资本主义实行市场经济，计划经济等于社会主义、市场经济等于资本主义的传统观点，充分证明了市场机制对社会资源的配置起基础性的主导作用，社会主义市场经济下的所有制理论是公有制为主体、多种所有制经济共同发展的观点，分配理论是与之相适应的按劳分配为主体，多种分配方式并存，按劳分配与生产要素分配相结合的观点。

由此可见，社会主义市场经济理论无论从研究对象、研究重点、理论体系、经济运行和发展及其研究方法都是对传统的社会主义经济理论的重大突破，社会主义市场经济理论丰富了马克思主义政治经济学的理论宝库，是社会主义政治经济学的最新成果。

二、社会主义市场经济理论为中国经济体制改革和社会主义现代化建设指明了方向

社会主义市场经济体制是中国经济体制改革的目标。社会主义市场经济体制打破了原有西方经济学的禁锢，实现了

经济体制改革方面的重大突破。改革开放以来的实践证明，中国选择社会主义市场经济体制是完全正确的，它有利于大力发展生产力，推动中国经济发展和现代化建设。中共十四大正式确立了经济体制改革的目标是建立社会主义市场经济体制，之后中国实施了一系列迎合社会主义市场经济体制的措施。一是社会主义市场经济体制仍然实行以公有制为主体、多种所有制经济共存的所有制形式，这样就保证了经济体制改革的方向仍然是沿着社会主义的方向前进，不会出现偏差。二是推动国有企业改革，进行股份制改革，建立现代企业制度，确保国有经济在整个国民经济中的控制力。三是建立良好的市场环境和优良的现代市场体系，形成市场中的良性竞争机制，只有这样，才能调动整个国民的主动性和积极性，提高效率，才能有利于发展社会生产力。四是坚持按劳分配为主体，多种分配方式并存。市场经济必然在一定时期和一定程度上造成收入差距扩大，要通过收入分配改革弥补他们的损失，允许一部分人和一部分地区先富起来，同时实现先富带动后富，最终达到共同富裕。

社会主义市场经济体制为中国社会主义现代化建设指明了方向，提供了一条可靠的道路。一是社会主义市场经济理论明确了社会主义现代化建设的根本方向。中国共产党面对来自国内外的挑战和考验，举什么旗，走什么路，这个问题不仅关系到中国共产党的政治走向，而且关系到国家的前途命运和人民的根本利益。社会主义市场经济理论的基石是坚持公有制为主体、多种所有制经济共同发展的所有制结构和以按劳分配为主体、多种分配方式并存的收入分配制度。这是社会主义现代化建设的内在根本要求。社会主义现代化建设中必须牢牢坚持这两个方向，加快国有经济发展，提高国有经济在国民经济中的控制力。二是社会主义市场经济理论为社会主义现代化建设奠定了坚实的物质基础。社会主义市场经济有利于发展生产力，提高中国的经济实力和综合国力，同时为其他领域的建设提供了强大的物质基础。实践证明，市场的发育大大促进了经济的发展和生产力水平的提高。市场对社会再生产过程的调节作用，不仅表现在促进生产规模的扩大和生产专业化的发展，而且也表现在促进生产要素的流动和结构的调整与优化。建立在社会主义条件下的市场经济，能够把社会主义制度的优越性和市场机制的各种功能较好地结合起来，大大促进中国经济的高速发展和人民生活水平的不断提高。

三、社会主义市场经济理论对加快中国经济发展具有强大的推动作用

（一）社会主义市场经济理论为中国繁荣富强指明了方向

首先，社会主义市场经济理论对中国的社会生产力进行了极大的解放和发展，增强了中国的综合国力，为社会主义国家和发展中国家走向繁荣富强开辟了道路。社会主义市场经济理论是中国共产党将马克思主义的基本原理同中国的具体实际相结合，为满足改革开放的需要而逐渐形成的，其目的是为了解放生产力和发展生产力，最终达到共同富裕。它在理论上丰富和发展了马克思主义政治经济学以及科学社会主义，为经济落后的国家如何建设社会主义、实现国家繁荣富强提供了极大的借鉴和经验。

其次，社会主义市场经济理论从本质上体现了社会主义制度的优越性，为当代社会主义国家巩固和发展社会主义树立了榜样。中国的社会主义是以公有制为基础，多种所有制经济共同发展，以按劳分配为主体，多种分配方式并存。公有制经济不仅包括国有经济和集体经济，而且包括混合所有制经济中的国有成分和集体成分，这种混合经济形式可以不断优化国有经

济的成分和布局，提高国有经济在整个国民经济中的控制力和影响力。这也就解决了如何坚持、巩固以及发展社会主义的问题。

（二）社会主义市场经济理论有效促进了生产力进步与经济发展

社会主义市场经济理论能把市场经济与社会主义、公有制、计划与市场、市场调节与宏观调控有机结合起来，有效地促进了生产力的进步与经济发展，为其他国家和地区的经济发展提供了借鉴，具有广泛的世界意义。

首先，社会主义市场经济把市场和计划结合起来，为其他国家和地区发展生产力提供了方法。计划和市场都不从属于社会的范畴和制度的范畴。单一的计划和单一的市场都存在一定的弊端，社会主义市场经济将两者结合，扬长避短，两者都能发挥自己的作用。

其次，社会主义市场经济理论将市场经济与社会主义结合起来，这就突出了公有制在社会主义中的主体地位，有利于发挥公有制在整个国民经济中的引导作用，发展社会生产力。

再次，社会主义市场经济理论将市场调节与宏观调控结合起来。市场调节主要是依靠价格机制、供求机制和竞争机制等通过市场对资源进行自发的优化配置，它不可避免地具有一定的滞后性和盲目性，并容易造成市场失灵现象。这就需要宏观调控的作用。宏观调控是政府通过法律法规、经济和行政的方式对经济进行调控，以达到经济的稳定运行。宏观调控与市场调节相辅相成，共同促进资源的优化配置和经济的和谐健康发展。

社会主义市场经济理论推动了中国生产力的发展，改革开放以来，在社会主义经济体制下，中国的社会主义现代化建设取得了巨大的成就。中国提出的社会主义市场经济理论具有创新性，对世界其他国家和地区，尤其是对社会主义国家以及第三世界国家的发展具有重要的借鉴意义。

参 考 文 献

[1]李丰才. 社会主义市场经济理论［M］. 北京:中国人民大学出版社，2010.

[2]秦刚. 中国特色社会主义理论体系［M］. 北京:中共中央党校出版社，2008.

[3]杜受祜等. 社会主义市场经济体制的建设［M］. 成都:四川人民出版社，2001.

[4]江春泽. 外国现代市场经济［M］. 北京:人民日报出版社，1994.

[5]中等职业学校政治课教材编写组. 社会主义市场经济［M］. 北京:高等教育出版社，1996.

[6]王季. 论现代市场体系［J］. 经济评论，1997（4）.

[7]崔巍. 再论现代市场经济市场体系构成及功能［J］. 市场经济研究，2003（5）.

[8]方玲. 社会主义市场经济的基本特征［J］. 中国集体经

济，2007（8）.

[9]胡耀国.价格机制与市场机制［J］.价格月刊，1998（6）.

[10]金鹰.略论市场机制及其效应［J］.广西商专学报，1997（2）.

[11]张圣亮，段其旺，滕云龙.论市场机制的功能［J］.河南师范大学学报，1995（3）.

[12]黄松龄.社会主义市场机制功能及作用［J］.理论与现代化，1994（4）.

[13]成红梅.试论商品经济与市场经济的内在关系［J］.科技信息，2009（14）.

[14]魏杰.规范市场秩序和贯彻市场规则［J］.中国党政干部论坛，2003（11）.

[15]王冰.完全竞争市场及对其评论［J］.武汉市经济管理干部学院学报，2000（2）.

[16]李承友，王冰.论完全垄断市场形成的原因及对垄断市场的评论［J］.当代经济研究，1999（10）.

[17]刘淑梅，张洪庆.寡头垄断市场的显著特点分析［J］.管理观察，2009（15）.

[18]王冰.垄断竞争市场及其评论［J］.经济师,1999（8）.

[19]汤建军.关于中国共产党对社会主义市场经济的创新研究［D］.长沙:湖南师范大学,2004.

[20]高勇.论省级政府在宏观经济调控中的地位与作用［D］.成都:西南财经大学,1997.

[21]景晓锋.中国社会主义市场经济体制的建立与完善［D］.兰州:兰州大学,2010.

[22]梅荣政.试论中国特色社会主义理论体系［J］.思想理论教育导刊,2007（12）.

[23]常建中.浅论社会主义市场经济体制的基本框架［J］.法制与社会,2007（6）.

[24]张玉蓉.关于社会主义市场经济体制基本特征的新思考［J］.中国市场,2008（5）.

[25]梅荣政,向华.关于市场经济与社会主义基本制度相结合问题研究综述［J］.学校党建与思想教育（高教版）,2010（3）.

[26]陕西青年管理干部学院课题组.全面建设小康社会与青少年素质教育研究——陕西省青少年素质教育调查报告

[J].陕西青年管理干部学院学报,2004(1).

[27]蒋益萍.从南方谈话到科学发展观——社会主义市场经济理论的形成和发展[J].云南社会科学,2008(S1).

[28]冷溶.科学发展观与社会主义市场经济的关系[J].拓商周刊,2006(22).

[29]中国共产党第十六届中央委员会第三次全体会议公报[J].党建,2003(11).

[30]李兴山.马克思主义中国化的光辉典范 中国特色社会主义的伟大创举——论社会主义市场经济体制的提出、建立和完善[J].理论视野,2009(12).

[31]于清珍.美国市场经济模式概览[J].物资流通研究,1997(3).

[32]杨彦华.德国市场经济模式的启示[J].佳木斯大学社会科学学报,2008(6).

[33]刘永瑞,蒋宏印.论日本市场经济模式的特殊性[J].河北财经学院学报,1995(1).

[34]雷晔.美、德、日市场经济模式特色比较[J].丝路学刊,1994(3).

[35]李玉平.略论法国市场经济的宏观管理[J].世界经

济，1993（9）.

[36]陈晓.社会主义市场经济理论及其现实意义［J］.世纪桥，2012（15）.

[37]郑庆江.试论社会主义市场经济理论的历史地位和实践意义［J］.山东社会科学，2000（1）.